D1872518

Doris Weber

# Kindern ins Herz geschaut

Doris Weber

# KINDERN INS HERZ GESCHAUT

Geschichten von ihren Gefühlen, Sorgen, Hoffnungen
Erzählt für Eltern, Lehrer und Kinder

Mit einer Einführung von Alfred Kirchmayr

Herder
Freiburg · Basel · Wien

*Meinem Sohn Florian,*
*der mir, ohne es zu wissen,*
*stets ein geduldiger*
*Lehrmeister ist.*

Zweite Auflage

Alle Rechte vorbehalten – Printed in Germany
© Verlag Herder, Freiburg i.Br. 1991
Umschlaggestaltung: Michael Wiesinger, Freiburg i.Br.
Satz: Satzstudio K.-H. Schumacher, Freiburg i.Br.
Herstellung: Freiburger Graphische Betriebe 1991
ISBN 3-451-22488-7

# Inhalt

# Laßt Euch nicht dumm machen und klein-kriegen!

## Ein Plädoyer für Verständnis und Veränderung

*Alfred Kirchmayr*

Ein Berliner Junge fährt mit seinem Roller zwischen den Straßenbahnschienen entlang. Eine Straßenbahn kommt. Das Bürschchen rollert munter weiter. Der Fahrer fängt an zu klingeln. Der Junge läßt sich nicht stören. Der Fahrer klingelt wie verrückt, muß anhalten und schreit das Bürschchen wütend an: „He, du! Kannst du nicht von den Schienen gehen?" Der Junge antwortet: „Ich schon, aber du nicht!" Vermutlich hat er David geheißen.

Diese kurze Geschichte bringt global das Dilemma zum Ausdruck, das Doris Weber in den Geschichten dieses Buches einfühlsam zur Sprache bringt. Da sind einerseits die eingefahrenen Geleise der Erwachsenenwelt, der Alltagswelt, in die Eltern, Lehrer und andere Erwachsene die Kinder und Jugendlichen hineinzwängen sollen, müssen oder auch wollen. Und da gibt es die Kinder und jungen Menschen, die Freiräume und Spielräume suchen und sich gegen die übliche und üble Enge des Lebens mit sehr unterschiedlichem Erfolg wehren.

Wenige von ihnen sind so frech wie David. Ich benütze das Wort frech ganz bewußt. Vor einigen hundert Jahren bedeutete frech soviel wie mutig, kühn, munter, lebhaft und gierig. Aber weil sich in der Alltagssprache die Unterdrückungsverhältnisse widerspiegeln, bekam „frech" eine negative Bedeutung, ähnlich übrigens wie eigensinnig und neugierig. Als ob es nicht wichtig wäre, daß man seinen eigenen Sinn finden kann. Folgsam gilt dagegen als recht gute Eigenschaft, obwohl es durch allzuviele Führer und Verführer belastet sein müßte. Die Sprache verrät viel von unseren Lebensverhältnissen.

## Narrative Pädagogik als Weg zur Einsicht in schädigende Lebensverhältnisse

Die Geschichten von Doris Weber verstehe ich als narrative Pädagogik, als erzählende Pädagogik, die nicht mit erhobenem moralischen Zeigefinger in den Hauspantoffeln der Fachsprache herumstolziert und Rat-Schläge gibt, sonder die psychischen und sozialen Verhältnisse der Kinder und Erwachsenen aufklärend und verständnisvoll darstellt. Eine solche Pädagogik nimmt die alltäglichen inneren und äußeren Lebenserfahrungen ernst. Sie zeigt auf, was geschieht, warum es geschieht, und sie phantasiert auch über die Veränderbarkeit dieser Verhältnisse.

Die Geschichten dieses Buches handeln vom Kinderalltag, vom Erwachsenenalltag, vom Lebensalltag. Sie schildern die vielfältigen Konflikte, die Kinder, Eltern und Erwachsene miteinander haben. Dabei erweisen sich die Erwachsenen meist als engherzig, engstirnig und festgefahren: Ordentlichkeit und Sauberkeit sind wichtiger als Lebendigkeit; die Unter-Ordnung unter ein fast allmächtiges „Man" ist wichtiger als Phantasie, Widerständigkeit und kreatives Experimentieren; Einfalt, die sich bezahlt macht, ist erstrebenswerter als die Offenheit für die Vielfalt des Lebendigen.

Und weil in der bei uns herrschenden Lebensform nicht nur Kinder, sondern auch andere „Randgruppen", ja selbst die „Mutter Erde", unterdrückt und ausgebeutet werden, erzählt Doris Weber auch über derartige gesellschaftliche und soziale Probleme aufschlußreiche Geschichten. Es wird deutlich, daß sich die gesellschaftlichen Verhältnisse auch in den innerpsychischen, familiären und schulischen Verhältnissen widerspiegeln. Denn das Ganze einer einseitig leistungs-, konkurrenz- und anpassungsorientierten gesellschaftlichen Lebensform findet in allen Fragmenten unserer Lebenswelt ihren Ausdruck, psychisch ebenso wie sozial.

Die meisten Geschichten haben mit einer Tätigkeit zu tun, die wir Erziehen nennen, wobei nicht nur die Eltern ihre Kinder, sondern ebenso die Kinder ihre Eltern erziehen. Es wird offensichtlich, daß die meisten Eltern und Erwachsenen ausgesprochen schwererziehbar sind. Erziehen ist zweifellos eine sehr vielfältige Tätigkeit.

Viele Fachleute haben ein vergleichsweise einfältiges Verständnis vom Erziehen, seinen Zielen und Mitteln. Sie stellen sich immer wieder die Frage: Wie soll man erziehen? Doch die Aufforderung: „Du sollst erziehen!" klingt für meine Ohren ähnlich wie die Forderung: „Sei spontan!" Denn wir erziehen immer schon, weil wir aufeinander wirken und einwirken, bewußt und unbewußt, gewollt und ungewollt, bedacht und unbedacht. Sehen wir uns genauer an, wie wir auf Kinder, PartnerInnen, KollegInnen, FreundInnen und Eltern wirken; denn dieses vielfältige Gewebe des Aufeinander-Einwirkens macht weite Bereiche unseres Lebens aus. Deshalb stellt sich nicht die Frage, wie wir erziehen sollen, sondern wie wir wirken: ermutigend oder entmutigend, aufgeschlossen oder verschlossen, befreiend oder beklemmend, ängstlich festhaltend oder gelassen, sympathisch oder apathisch (mitfühlend oder teilnahmslos), verständnisvoll oder verständnislos, schöpferisch oder geschafft. Am Anfang jeder Erziehung könnte dann die Selbsterfahrung, die Selbstkenntnis und die Selbstkritik stehen. Dies hat die akademisch etablierte Pädagogik noch viel zuwenig erkannt. Deshalb kümmert sie sich weniger um die innere und äußere Lebenswelt der Menschen, sondern bedenkt vor allem „Idealvorstellungen". Und das ist nicht unbedenklich.

Doris Weber nimmt in ihren Erzählungen bewußt Partei für die Kinder und Jugendlichen. Sie findet es richtig, daß Kinder auch mal Geschichten machen. Und sie schildert einfühlsam die vielen, vor allem angstvollen Phantasien, welche durch verschiedene Erziehungsmaßnahmen und Umwelterfahrungen ausgelöst werden. Sie ergreift auch Partei für Menschengruppen, die an den Rand gedrängt und aus dem Bewußtsein verdrängt werden, z.B. Behinderte und solche Gruppen, die sich für gesellschaftliche Veränderungen engagieren.

Ich finde diese Parteilichkeit deshalb richtig, weil jede Not-wendige Veränderung von den Unterdrückten bzw. von dem Unterdrückten ausgeht. Das gilt ebenso für das persönliche wie für das politische Leben, für die Psyche wie für die Gesellschaft. Wenn etwa ein vitales Bedürfnis verdrängt wird, weil es gewisse Machthaber mit Angst und Strafe belegen, dann kann sich das Verdrängte als neurotisches Symptom äußern, wodurch unter Umständen die Chance besteht, die Verdrängung aufzuheben. Diesbezüglich hat Peter Altenberg eine treffende Aussage gemacht: „Symptome von Krankheiten ... beheben, statt auf die Ur-Ursache des Leidens tiefzubohren, ist ein feiges Manöver ... Vogel-Strauß-Politik ... Krankheit ist der Notschrei der beleidigten Natur! Halte ihr nicht den Mund zu! Wenn sie schon so gütig ist, zu schreien und um Hilfe dich anzuflehen!"[1] Und ähnlich verhält es sich mit unterdrückten Gruppen oder ganzen Völkern. Irgendwann werden sie sich gegen ihre Ausbeuter, Tyrannen und Unterdrücker wehren und eine Gesellschaftsveränderung in Gang bringen. Angesichts der zunehmenden psychosozialen Verelendung vieler Menschen, angesichts des wachsenden Leidens an Sinnlosigkeit und Kraftlosigkeit in unserer Welt ist eine entsprechende Parteinahme enorm wichtig.

Dennoch möchte ich auch für „Unterdrücker" Partei ergreifen, weil sie oft nicht wissen, was sie tun, und weil sie in mancher Hinsicht selbst Opfer der Überanpassung sind, die sie dann fordern. Auch ihre Ängste verlangen Verständnis, wenngleich sie diese oft durch psychische Abwehrmaßnahmen aus dem Bewußtsein entfernt haben und mit Worten wie „Ich will ja nur dein Bestes" rationalisieren müssen. Oft genug geben sie unbewußt das weiter, was ihnen angetan wurde. Die Psychoanalytikerin Jeanne Van den Brouck hat diesbezüglich ein einsichtsreiches und witziges Buch mit dem Titel „Handbuch für Kinder mit schwierigen Eltern"[2] geschrieben, das dieses Verständnis ebenso fördert wie die nötige Widerstandsarbeit gegen Erziehungsstrategien solcher Eltern.

### „Seid Realisten. Versucht das Unmögliche!"

Dieser Spruch aus der Studentenbewegung des 68er Jahres ist ebenso weise wie ermutigend. Und es war Sigmund Freud, der das Erziehen als „unmöglichen Beruf" bezeichnet hat. Wir sind nun alle in unterschiedlicher Art und Weise mit dieser unmöglichen Aufgabe konfrontiert, die „Selbsterziehung" eingeschlossen.

Vielleicht läßt sich das Dilemma mit dem Erziehen besser verstehen, wenn wir zwei Aspekte unterscheiden, die für diese Aufgabe grundlegend sind: der Wirklichkeitssinn und der Möglichkeitssinn. Der Wirklichkeitssinn hilft uns, Gegebenes und Gewordenes nüchtern zu analysieren. Er verlangt von uns vielfältige vorläufige oder langfristige Anpassungsleistungen. Ohne entsprechende, hoffentlich „optimale" Frustration kann kein Erziehungsprozeß gelingen. Aber ebenso wichtig ist der Sinn für das Mögliche, die Fähigkeit zum Träumen, das Entwerfen von Realutopien, die unser Leben sinnvoller und humaner gestalten helfen. Es ist vor allem der Sinn für das Mögliche, der uns zur Veränderungsarbeit ermutigt und herausfordert.

Die dynamische, offene Grenzziehung zwischen Anpassung und Veränderung ist allerdings ein Ballanceakt, der viel Geistesgegenwärtigkeit und Mut verlangt. Mir fällt dazu ein sehr schönes Gebet des schwäbischen Theologen F. Ch. Ötinger ein, das diese Unterscheidungsaufgabe treffend formuliert:

„Gott, gib mir die Gelassenheit,
die Dinge hinzunehmen, die ich nicht ändern kann.
Den Mut, die Dinge zu ändern, die ich ändern kann.
Und die Weisheit, das eine vom anderen zu unterscheiden."

Es ist unvermeidlich, besonders in intensiven Beziehungen, daß wir einander wechselseitig unsere Lebensgeschichte auf den Kopf werfen. Insofern bleiben wir einander manches schuldig, werden wir ungewollt und unbewußt, also „unschuldig" aneinander schuldig. Diese Einsichten können zum Hinterfragen der eigenen Selbstverständlichkeit führen, die ja oft genug für andere unverständlich sind. Als Grundeinstellung für diese Arbeit an sich selber, für die damit verbundene Trauerarbeit und Befreiungsarbeit, gilt für mich der Satz: Irren ist menschlich. Irren ist eine Gnade. Denn am meisten lernt man aus seinen Fehlern. Sie bergen die größte Chance für notwendige Veränderungen. Und dieser Einsicht entspricht eine Spiritualität bzw. Lebenseinstellung, die ich mit den folgenden Worten charakterisieren möchte: Es ist nie zu spät. Immer ist Anfang!

Sigmund Freud hat durch die Psychoanalyse etwas Licht in die unermeßlichen seelischen Räume des Menschen gebracht und vor allem das Verständnis für die Vielfalt menschlicher Konflikte wesentlich vertieft. Daß sich unser Leben in mannigfaltigen Widersprüchen abspielt, kommt in den folgenden Worten S. Freuds recht menschlich zur Sprache: „Ein Sprichwort warnt davor, gleichzeitig zwei Herren zu dienen. Das arme Ich hat es noch schwerer, es dient drei gestrengen Herren, ist bemüht deren Ansprüche und Forderungen in Einklang miteinander zu bringen. Diese Ansprüche gehen immer auseinander, scheinen oft unvereinbar zu sein; kein Wunder, wenn das Ich so oft an seiner Aufgabe scheitert. Die drei Zwingherren sind die Außenwelt, das Über-Ich und das Es. [...] So vom Es getrieben, vom Über-Ich eingeengt, von der Realität zurückgestoßen, ringt das Ich um die Bewältigung seiner [...] Aufgabe, die Harmonie unter den Kräften und Einflüssen herzustellen, die in ihm und auf es wirken, und wir verstehen, warum wir so oft den Ausruf nicht unterdrücken können: Das Leben ist nicht leicht!"[3]

Jede Befreiung aus Zwängen geschieht immer auch als Befreiung in Zwängen; denn unser Leben – das psychische Innenleben und das Zusammenleben im Gemeinwesen – bildet eine vielfältig ineinander verwobene Einheit. Und weil die Entfaltung des Lebens vom Säuglingsalter an mit Weitung verbunden ist und somit Engen, Einengungen und Verengungen überwinden will, ist Konfliktfähigkeit so grundlegend für die Lebensentfaltung. Je gesünder und stärker das eigene Ich entfaltet und entwickelt ist, desto stärker ist auch der Sinn für die nüchterne Wahrnehmung der Wirklichkeit und für notwendige Veränderungen, die durch den Sinn für das Mögliche angeregt werden. Nicht zufällig besteht das Ziel jeder verantwortlichen psychoanalytischen Behandlung darin, das Ich zu stärken und dadurch die Kunst der Lebensgestaltung zu fördern. Denn ein starkes Ich hat Zugang zu seinen vitalen Bedürfnissen und Triebkräften, muß sie nicht verdrängen und kann den Umgang mit ihnen sozial modifizieren und gestalten. Es hat ebenso Sinn für die nüchterne Wahrnehmung der Wirklichkeit und ist daher weniger stark einem Wunschdenken oder Angstdenken verhaftet. Und so hat es auch Kraft, Mut und Perspektiven, sich im Sinne des individuell und gesellschaftlich Möglichen für Veränderung zu engagieren.

## Über das Angstmachen, die Verdummung und das Klein-Kriegen

Jede Neurotisierung, jede Verengung und Verängstigung von Menschen, geschieht durch bewußten oder unbewußten Machtmißbrauch von Autoritäten und bewirkt neurotische Angst und Verdummung. Angst ist die primäre Reaktion auf jede reale oder phantasierte innere oder äußere Bedrohung des Lebens und der Lebensentfaltung. Die afrikanische Wortprägung „Angst essen Seele auf" bringt den lähmenden Aspekt von Angst zum Ausdruck. Verängstigte Menschen lassen sich zu allem benutzen. Erreicht man, daß jemand von Angst besessen wird, dann hat man als „Herrscher" nichts mehr zu fürchten. Dann hat man brave „Gläubige" in Kirche, Politik, Wissenschaft und sonstwo.

Das Wort Angst leitet sich vom lateinischen „angustia" ab, das Enge bedeutet, ähnlich wie „angustiae" mit der Bedeutung von Not, Enge, Mangel. Horchen wir genauer auf die körpersprachliche Bedeutung hin: Angst entsteht dort, wo der Mensch in die Enge getrieben wird, wo er sich bedrängt fühlt, wo er unter Zwang steht, wo ihm bang ist und existentieller Mangel droht. Die Empfindung der Enge, der Beklemmung, die von der veränderten Atmung und Herztätigkeit her den Menschen ergreift, ist das körperliche Merkmal, von dem sich das Wort herleitet.

S. Freud hat durch die Unterscheidung zwischen „neurotischer Angst" und „Realangst" viel zum besseren Verständnis menschlicher Ängste beigetragen. Mit Realangst werden alle Angstformen bezeichnet, die bei realer Bedrohung und Einschränkung des Lebens auftreten. Sie haben die wichtige Funktion, Kampf, Flucht oder andere Aktionen auszulösen, die das Leben schützen. Dagegen sind neurotische Ängste jene Formen von Angst, die das Leben einschränken, hemmen und lähmen. Realangst ist die Voraussetzung für Veränderung und Befreiung. Neurotische Angst aber ist der Motor für Verdrängung von innerer und äußerer Realität, für Verdummung, Versklavung und Entfremdung.

Heute herrscht in unserer Kultur die paradoxe Situation vor, daß ein ganzes Heer von „Beschwichtigungshofräten" in vielerlei Gestalt dazu aufgeboten wird, Realangst „wegzunehmen" und als völlig unbegründet und irrational hinzustellen (z. B. Angst vor atomarer Verseuchung und Bedrohung, vor ökologischer Selbstvernichtung, vor psychosozialer Zerstörung des Menschlichen). Dagegen wird durch viele öffentliche Institutionen neurotische Angst erzeugt, die den Menschen einengt, psychisch ent-eignet, dumm und brav macht. Diese Ängste sind die ideale Voraussetzung dafür, daß in den enteigneten Seelen Fremdherrschaft errichtet werden kann. Denn neurotische Ängste – Triebängste, Gewissensängste (Schuldgefühle), Berührungs- und Kontaktängste – sind mit massiven Abwehrprozessen verbunden. Dies führt dann oft dazu, daß nicht reale Bedrohung Angst auslöst, sondern phantasierte, von Seelenvergewaltigern in die Psyche ein-gebildete Gefahren.

Ein schwer neurotischer Mensch ist also aufgrund massiver Verdrängungen vitaler Bedürfnisse und psychischer Kräfte gezwungen, den Großteil seiner Lebensenergie in Abwehrmaßnahmen, in „Rüstung", Absicherung und Verteidigung zu investieren. Ihm geht es ähnlich wie einem Staat, der den Großteil seiner „Intelligenz" und anderer Ressourcen in die Rüstungsindustrie investiert und dessen Budget eskaliert, weil er mit Hochrüstung beschäftigt ist. Er kann sich deshalb kaum den vitalen Staatsaufgaben widmen, weil er so sehr mit der Abwehr und Bekämpfung des „Feindes" zu tun hat. Die blockierte Lebensenergie wirkt sich tödlich aus. Und ein solcher Kriegszustand ist individuell wie kollektiv ein schlimmer Zustand.

Neurotische Angsterzeugung hemmt die Lebensentfaltung, sowohl auf vital-triebhafter als auch auf intellektuell-geistiger und sozial-kultureller Ebene. Und dies führt zur Verdummung, zur Verblödung und Verödung des Lebens.

In einem gesellschaftlichen Klima, in welchem der Frageraum, der Sprachraum, der Wahrnehmungs- und Spielraum eingeengt werden, in welchem „Herrschaftswissen" in jeder Form und Verdünnung angeboten, „Befreiungswissen" jedoch unterdrückt wird, ist die Verdummung eine naheliegende Konsequenz. Besonders in dieser Hinsicht ist B. Brechts Formulierung enthüllend: „Unsichtbar macht sich die Dummheit, indem sie sehr große Ausmaße annimmt."

Achtet man auf die Weisheit der Sprache, dann wird offensichtlich, daß Verdummung alle Sphären des Lebens, alle Aspekte der Psyche betrifft, insbesondere alle Sinnes-und Besinnungsorgane. Denn das Wort dumm steht ethymologisch in engem Zusammenhang mit taub (betäubt, tobend), mit stumpf (abgestumpfte Sinne), mit dumb (dumba, finster, tot), mit starr (störrisch, töricht, Tor) und stumm (ent-mündigt). Das Nichthören, Nichtvernehmen (von Vernehmen leitet sich Vernunft ab), das Taubsein macht stumm, macht alle Sinne stumpf, führt zur Erstarrung, Verstockung (stockdumm), Vertrottelung (Trott), Versteinerung des Herzens und zu Apathie. Dummheit erfaßt also das Wahrnehmen, das Erkennen, das Wollen, ja das gesamte Kontaktverhalten nach innen und außen.

Ich möchte hier Dietrich Bonhoeffers scharfsinnige Analyse des Zusammenhangs von Macht und Dummheit anführen: „Bei genauem Zusehen zeigt sich, daß jede starke äußere Machtentfaltung, sei sie politischer oder religiöser Art, einen großen Teil der Menschen mit Dummheit schlägt. Ja, es hat den Anschein, als sei das geradezu ein soziologisch-psychologisches Gesetz. Die Macht der einen braucht die Dummheit der anderen. Der Vorgang ist dabei nicht der, daß bestimmte — also etwa intellektuelle — Anlagen des Menschen plötzlich verkümmern oder ausfallen, sondern daß unter dem überwältigenden Eindruck der Machtentfaltung dem Menschen seine innere Selbständigkeit geraubt wird und daß dieser nun — mehr oder weniger bewußt — darauf verzichtet, zu den sich ergebenden Lebenslagen ein eigenes Verhalten zu finden. [...] Man spürt es geradezu im Gespräch mit ihm, daß man es gar nicht mit ihm selbst, mit ihm persönlich, sondern mit über ihn mächtig gewordenen Schlagworten, Parolen etc., zu tun hat. Er ist in einem Banne, er ist verblendet, er ist in seinem eigenen Wesen mißbraucht, mißhandelt. So zum willenlosen Instrument geworden, wird der Dumme auch zu allem Bösen fähig sein und zugleich unfähig, dies als Böses zu erkennen. Hier liegt die Gefahr eines diabolischen Mißbrauchs. Dadurch werden Menschen für immer zugrunde gerichtet werden können."[4]

## Plädoyer für eine „erotische Kultur"

Viele geistesgegenwärtige Menschen machen uns darauf aufmerksam, daß in unserer Zivilisation lebensfeindliche Kräfte im Kleinen wie im Großen herrschen, während die lebensfreundlichen Kräfte vielfach unterdrückt und verkümmert sind. Schon S. Freud hat 1930 angesichts dieser Tendenzen in seiner Kulturanalyse festgestellt: „Man kann sich des Eindrucks nicht erwehren, daß die Menschen gemeinhin mit falschen Maßstäben messen, Macht, Erfolg und Reichtum für sich anstreben und bei anderen bewundern, die wahren Werte des Lebens aber unterschätzen. [...] Die Schicksalsfrage der Menschenart scheint mir zu sein, ob und in welchem Maße es ihrer Kulturentwicklung gelingen wird, der Störung des Zusammenlebens durch den menschlichen Aggressions- und Selbstvernichtungstrieb Herr zu werden."[5]

Eine Kultur, die sich den wahren Werten des Lebens widmet, der Pflege der zwischenmenschlichen Beziehungen, der Freundschaft und des Gesprächs, der Konflikt- und Friedensfähigkeit, kann als erotische Kultur bezeichnet werden. Der in diesem Sinne von S. Freud geprägte Begriff der „Kulturarbeit" umfaßt alle menschlichen Anstrengungen, die vielfältigen Grundbedürfnisse und Triebansprüche mit der Realität zu versöhnen, um so das Zusammenleben etwas vernünftiger, befriedigender, gerechter und sozialer gestalten zu können. Die beiden Grundkräfte für diesen Prozeß der Kulturarbeit sind Vernunft und Liebe.

Angesichts der heutigen Bedrohtheit unseres Lebens und unserer Lebendigkeit ist eine Kultur des Eros, der Liebe, der Sympathie, mit allen Kräften zu fördern, sollen nicht Formen des tödlichen Wahnsinns das letzte Wort in der Menschheitsgeschichte haben. Im Gegensatz zur weit verbreiteten neurotischen Kultur der Einengung, der Unterdrückung vieler vitaler Äußerungsformen des Lebens, könnte eine erotische Kultur durch folgende Grundtendenzen beschrieben werden: Die Ehrfurcht vor dem Leben, vor allem Lebendigen, ist der oberste Wert einer solchen Kultur. Und dort, wo der „heilige Eros" (S. Freud) für die persönliche und gesellschaftliche Lebensgestaltung maßgebend wird, werden Liebe und Sympathie vorherrschen. In einer solchen Kultur wird der Sinn für die Vielfalt des Lebens, der Sinn für Spiel und Humor, für Freundschaft, für soziales und politisches Engagement entfaltet werden. Nur so können Apathie, Isolierung, systematischer Starrsinn und tierischer Ernst überwunden werden. Eine solche Kultur hat vor allem Sinn für Werdendes. Sie wird nicht von fertigen Gedanken, Gefühlen und Gewohnheiten eingeengt sein. Eine erotische Kultur ist vor allem eine Kultur der Gefühle, eine Kultur des Gesprächs, eine Kultur der Konflikt- und Friedensfähigkeit. Und weil sie einen ausgeprägten Sinn für die vielen Widersprüche hat, die unser Leben durchziehen, kann sie durch einen ausgeprägten Sinn für Zorn und Zärtlichkeit, Sinnlichkeit und Geistigkeit charakterisiert werden.

Angesichts dieser kleinen Utopie dürfen wir nicht vergessen, daß eine erotische Kultur nur durch intensive Widerstandsarbeit gegen innere und äußere Gewohnheiten, psychische und gesellschaftliche Strukturen – Denkgewohnheiten, Fühlgewohnheiten, Wahrnehmungs- und Bewertungsgewohnheiten – schrittweise vorangebracht werden kann. Denn die Gewohnheit der Macht ruht auf der Macht der Gewohnheit, der wir stärker ausgeliefert sind, als wir es wahrhaben wollen. Und diese Macht der Gewohnheit ist mit einem gefährlichen Ruhebedürfnis verbunden, mit dessen drastischer Beschreibung durch Fritz Zorn ich schließen werde: „Wenn abends ein paar junge Leute auf der Terrasse Lieder singen, dann ruft man die Polizei, denn Lieder zu singen stellt eine Störung der

Nachtruhe dar. Wenn jemand über Mittag an einem Brunnen in der Altstadt Gitarre spielt, dann ruft man in Zürich auch die Polizei, denn das ist eine Verletzung der Mittagsruhe. Jede Tageszeit hat ihre besondere Ruhe, und wenn diese Ruhe nicht respektiert wird und jemand Lieder singt, dann kommt die Polizei, denn für den Bürgerlichen ist die Ruhe nicht nur seine erste Pflicht, sondern auch sein erstes Recht. Jeder verblödet innerhalb der Ruhe seiner vier Wände, und wenn er bei seinem Verblöden durch ein fremdes Geräusch gestört wird, fühlt er sich an seinem Recht zu verblöden beeinträchtigt und verlangt nach der Polizei."[6]

## Anmerkungen

1 Peter Altenberg, Ausgewählte Werke in zwei Bänden, München 1979, Bd. 2,8
2 Jeanne Van den Brouck, Handbuch für Kinder mit schwierigen Eltern, Stuttgart 1981
3 Sigmund Freud, Vorlesungen zur Einführung in die Psychoanalyse. Neue Folge, Studienausgabe, Frankfurt 1969, Bd. I, 514f
4 Dietrich Bonhoeffer, Widerstand und Ergebung, Gütersloh 1951, 15
5 Sigmund Freud, Fragen der Gesellschaft. Ursprünge der Religion, Studienausgabe, Frankfurt 1969, Bd IX, 197 und 270
6 Fritz Zorn, Mars, München 1977, 203

# Die ersten Kinder sind zum Üben da

## Das große Übel mit viel jüngeren Geschwistern

Jüngere Geschwister zu haben, das ist oft gar nicht so leicht. Die Großen müssen immer alles besser können, stärker sein und alles verstehen. Für Mütter sind größere Geschwister oft eine Hilfe, doch manchmal verlangen Eltern von den „Großen" auch ein bißchen zu viel an Verständnis und an Arbeit. Kein Wunder, wenn die großen Geschwister dann richtig wütend auf die Kleinen werden, wenn sie es leid sind, immer aufzupassen oder Rücksicht zu üben. Und dann der Satz der Eltern: „Sei doch vernünftig, du bist doch der (oder die) Größere." Auf Geschwister kann sich das richtig störend auswirken. Es kann zum Streit und zu Mißverständnissen kommen. Es gibt sogar Geschwister, die sich viele Jahre ihres Lebens – selbst im Erwachsenenalter – noch böse sind, weil sie meinen, die Kleinen hätten es besser gehabt als die Großen und umgekehrt. Doch wer möchte trotz all dieser ärgerlichen Erlebnisse seine Schwester oder seinen Bruder missen? Es gibt ja neben dem täglichen Streit auch eine Menge schöner Erlebnisse.

## Wer paßt auf die Göre auf?

Sven steht am Tor. Wenn er den Elfmeter nicht halten kann, hat seine Mannschaft verloren. Das darf nicht sein. Zirka dreißig Meter von Svens Tor entfernt schläft Svens kleine Schwester Wiebke. Sie ist acht Monate alt und für Sven das größte Unglück seit zehn Jahren. So alt ist Sven nämlich selbst. Doch jetzt kann er nicht weiter über Wiebke nachgrübeln, der Elfmeter kommt schnurstracks auf ihn zu, zieht wenige Millimeter an seiner linken Fingerspitze vorbei direkt ins Tor. So ein Mist. „Sven, du bist auch nicht mehr der alte", schreit ihm jetzt sein Trainer zu, und Sven möchte am liebsten vor Wut und Ärger im Boden versinken.

Aus Wiebkes Kinderwagen plärrt es jetzt ganz fürchterlich, und das kleine Bettchen auf den vier hohen Rädern wackelt dabei bedrohlich wie ein Schiff in Seenot. Wenn da nicht bald einer den Kinderwagen festhält, dann ... „Ich denk ja gar nicht dran", motzt Sven, „soll sie doch sehen, was passiert. Daß ich nicht mehr richtig mein Torwarttraining machen kann, daran ist doch nur die Ziege schuld. Immer ich soll mit ihr rausgehen und auf sie aufpassen."

Nein, so hatte Sven sich das wirklich nicht vorgestellt. Er kann sich noch sehr genau daran erinnern, wie seine Eltern ihn eines Abends zu einem super-vornehmen Essen bei Kerzenschein eingeladen und ihm die große Neuigkeit zugeflüstert hatten: „Bald sind wir vier, Sveni, du bekommst ein Brüderchen oder ein Schwesterchen."

Zuerst dachte Sven, es könnte ja ganz schön werden. Er wäre dann nicht mehr so alleine und hätte auch in ein paar Jahren jemanden zum Spielen. Doch dann wurde es noch nicht einmal ein Brüderchen. „Nur ein Mädchen", grölten die Jungs in seiner Klasse, als die Eltern mit einer in Svens Augen völlig übertriebenen Freude Wiebkes Geburt in die Welt hinausposaunten.

„Die hast du jetzt die nächsten zehn Jahre an den Fersen kleben", warnten ihn die Freunde, „Mädchen sind wie Kletten, und sie heulen immer gleich los, wenn du nicht das tust, was sie wollen." Sven wußte Bescheid. Sein Leben konnte er abschreiben, so war ihm zumindest zumute.

„So ein Quatsch", sagte die Mutter, „Mädchen sind gar nicht so, wie ihr doofen Jungs euch immer vorstellt", und dann gab sie Sven „Die rote Zora" zu lesen, damit er seine Vorurteile ein wenig abbauen konnte.

Doch Sven konnte sich mit dem kleinen schreienden Bündel, das da plötzlich die ganze Familie durcheinanderbrachte, nicht abfinden. Natürlich brauchte „die Neue" auch ein Zimmer. „Sven, du verstehst doch, daß Wiebke, solange sie noch klein ist, hier unten neben unserem Schlafzimmer wohnen muß", sagte der Vater und bat seinen Sohn, mit Sack und Pack eine Etage höher zu ziehen. Sven verstand das ganz und gar nicht. Er kam sich vor wie ein kleiner Vogel, den die Eltern plötzlich ganz unsanft aus dem Nest geschubst hatten. „Sei nicht albern", klopfte ihm der Vater von Mann zu Mann auf die Schulter, „du bist doch jetzt unser Großer, und Wiebke ist doch noch sooo klein."

„Verflixt", dachte Sven, „daß das mit dem Großwerden so schnell gehen muß", und mit heißen, dicken Krokodilstränen verabschiedete er sich von den herrlichen Zeiten, als er abends noch ein paar Minuten auf Mamas Schoß schmusen durfte und Papa mit ihm noch einen kleinen zärtlichen Ringkampf ausführte. Auf Mamas Schoß lag ja jetzt neuerdings immer dieses quietschende Wesen, das sich mit den unsinnigsten Geräuschen und tolpatschigsten Bewegungen bemühte, ein Mensch zu werden. „Sveni, kannst du mal eben die Wäsche in die Maschine stecken? Sveni, hol mal schnell eine Tüte Haferflocken! Sveni, sei nicht so laut, Wiebke schläft! Sveni, in den nächsten drei Monaten ist es besser, wenn du mittags keine Freunde mit ins Haus bringst, die kleine Wiebke braucht dringend ihren Schlaf,

das verstehst du doch?" Nein, Sven verstand gar nichts. Seine Mutter fand er plötzlich völlig durchgedreht, und sein Vater schien ihm auch etwas abwesend. „Mein Gott, Sven, mach mal die Schularbeiten alleine", stöhnte er, „wir sind alle ein wenig erschöpft von den anstrengenden Nächten mit Wiebke."

Na ja, der letzte gemeinsame Spielabend ist auch schon eine Ewigkeit her. Daß so ein „freudiges Ereignis", wie es die Eltern auf mindestens hundert Karten und in der Zeitung verkündet hatten, so viel Streß bedeuten könnte, fand Sven höchst merkwürdig.

Und dann mußte Sven auch noch nachmittags den Kinderwagen durch die Straßen schieben. Mutter brauchte ihren Mittagsschlaf. Das war der Gipfel! Zuerst hatte er sich ein paar Schleichwege ausgedacht, damit er von seinen Freunden nicht gesehen wurde. Sven und ein Kinderwagen, diesen Spott hätte er nicht verkraftet. Doch dann ließen seine Widerstandskräfte nach. Was blieb ihm übrig, als diesen glucksenden Unglücksraben, diesen Familienzerstörer mit zum Fußballplatz zu nehmen. Sven wäre sonst noch aus der Mannschaft geflogen, und dann hätte er gar keine Freude mehr gehabt, zu Hause schließlich war es seit Wiebkes Geburt rapide bergab gegangen.

„So fängt es an", stellte Christoph nüchtern fest: „Zuerst schiebst du nachmittags den Kinderwagen, und dann, wenn sich die Eltern erholt haben, wollen sie abends ins Kino oder Freunde besuchen, weil sie ja mal raus müssen, und wer paßt dann auf die Gören auf, na Sven, rate mal?" Sven wurde ganz schwarz vor Augen. Christoph mußte es ja wissen, der hatte schließlich mit elf, als er dachte, er hätte es geschafft, noch einen kleinen Bruder aufs Auge gedrückt bekommen. „Meine Eltern haben immer gesagt", erzählt Christoph weiter, „kaum waren wir aus dem Gröbsten raus, da kam noch unser Nachzügler. Das Gröbste, Sven, das sind wir. Die Nachzügler haben es besser. Meine Eltern sind bei meinem Bruder viel nachsichtiger. Der darf viel mehr als ich. Man wird beim zweiten Kind lockerer, sagt meine Mutter immer. Also die ersten Kinder sind sowieso nur zum Üben da, Sven, wir sind sozusagen die Testpersonen, und die Jüngeren sahnen ab ..."

Sven packte die Wut. Er stapfte entschlossenen Schrittes nach Hause, wollte endlich Putz und Stunk machen und die alte Ordnung wieder herstellen. Da empfing ihn die Mutter mit einem strahlenden Lächeln. „Sveni, wie schön, daß du kommst. Papa und ich wollen heute mit dir ins Kino gehen und anschließend Pizza essen, wir haben schon so lange nichts mehr miteinander gemacht. Für Wiebke haben wir einen Babysitter bestellt."

Wiebke schlief. In ihrem Kinderbettchen lag sie wie eine wunderschöne Puppe mit rosaroten Bäckchen. Manchmal lächelte sie im Schlaf, vor allem dann, wenn Sven ihr heimlich mit seinen Fingerspitzen über die Wangen streichelte. Irgendwie war es toll, plötzlich ein großer Bruder zu sein.

# Der Bruder ist der Häuptling

## Frust und Ärger unter Geschwistern

Wer Geschwister hat, weiß ein Lied davon zu singen. Immer gibt es Ärger. Immer gibt es Probleme. Und die Eltern stehen meistens kopfschüttelnd daneben und sagen: Kinder, seid doch vernünftig! Nun – in den Beziehungen der Geschwister untereinander gibt es große Unterschiede. Je nach Alter sehen auch die Freuden und Leiden der Brüder und Schwestern anders aus. Der große Bruder ist der Babysitter der kleinen Schwester, oder die Geschwister untereinander prügeln sich wegen der Spielzeuge, oder manchmal gibt es ernsthafte Probleme, wenn Kinder glauben, daß sie von ihren Eltern weniger geliebt werden als die Geschwister.

Und doch ist es eine ganz komische Sache mit den Geschwistern – auch wenn sie sich noch so sehr zanken, möchten sie nicht mehr ohne den Bruder oder die Schwester sein. Später, wenn sie erwachsen sind, dann lachen sie sogar über Kämpfe, die sie in ihrer Kindheit ausgefochten haben. Solche Kämpfe können nämlich wichtig sein, weil Kinder knallhart ihre Grenzen abstecken und ziemlich schnell, ohne viel zu überlegen, reagieren. Was das Leben in einer Gemeinschaft angeht, so können Geschwister eine Menge voneinander lernen. Auch wenn's manchmal weh tut. So friedlich wie bei Lukas und Jonathan in unserer Geschichte geht es wohl in den seltensten Fällen vor sich. Das liegt sicherlich auch daran – das sei zur Beruhigung gesagt –, daß der große Bruder Lukas ein ausgesprochen gutmütiger Mensch ist, so eine Art freundlicher Löwe, dem Jonathan ruhig mal auf dem Kopf herumtanzen darf, ohne daß er gleich böse knurrt.

## Zwischen Liebe und Leid

Eines Tages schlich sich das kleine böse Mädchen ganz leise in das Schlafzimmer der Eltern. Da lag das Baby mit seinen rosaroten Bäckchen und schlief selig. Das kleine böse Mädchen schaute seine vier Wochen alte Schwester lange und nachdenklich an, und nun sah es seine Mutter, die plötzlich Tag und Nacht nur noch für das quakende Bündel da war. Wie lange hatte sie schon nicht mehr mit dem kleinen bösen Mädchen gespielt oder gebastelt? Und der Vater? Der kam abends nach Hause und nahm nicht mehr das kleine böse Mädchen auf seinen Schoß – sondern nur noch das quakende Bündel, das in so viele Tücher und Decken eingewickelt war.

Jetzt lag es friedlich da, dieses rosarote Ungeheuer in seiner mit weißer Spitze geschmückten Wiege. Das kleine böse Mädchen ballte seine Fäuste und machte einmal ritsch und einmal ratsch – und als es die Hände in den Hosentaschen versteckte, spürte es noch ein paar winzige kleine Hautfetzen von Babys rosaroten Bäckchen unter den Fingernägeln. Das Baby schrie und schrie. Als die Mutter in das Schlafzimmer stürzte, preßte das kleine böse Mädchen trotzig sein Kinn auf die Brust und sprach kein Wort. Die Mutter schimpfte und schimpfte, und alle sagten: „Du bist ein kleines böses Mädchen!"

Heute ist das kleine böse Mädchen 35 Jahre alt – und die kleine quakende Schwester ist 33 Jahre. Die beiden verstehen sich prächtig. Manchmal sitzen sie zusammen und erinnern sich an die zahllosen Prügeleien, die sie sich noch bis spät in die Jugend hinein geliefert haben. So ist das mit den Geschwistern: Sie zanken und kloppen sich – und wenn's darauf ankommt, dann halten sie zusammen wie Pech und Schwefel. Da soll nun einer draus klug werden.

„Nee", sagt der zehnjährige Felix, „bloß keinen Bruder mehr, der will doch dann nur mit meinen Autos spielen –

und ich soll auch noch auf ihn aufpassen." Eine Schwester? „Ach du lieber Himmel", schreit Felix auf, „die Mädchen sind mir viel zu zickig." In Wahrheit hat Felix einfach bloß Angst, daß so ein Nachkömmling in der Familie ihm die Show stehlen könnte, die Nummer eins ist er, und das soll so bleiben.

Sein Freund Timm, der ist arm dran. Der hat so eine viel jüngere Schwester. Die hängt ihm stets am Hosenzipfel, will überall dabeisein, wo Timm auch ist, und wenn Timm mal „Ein Colt für alle Fälle" sehen will, dann schaltet die Mutter um auf Sesamstraße. „Nimm doch Rücksicht auf deine kleine Schwester", sagt sie vorwurfsvoll, „die ist doch noch so klein." Ja und dann soll Timm auch noch immer auf sie aufpassen, wenn die Eltern aus dem Hause sind. Timm liebt seine Schwester, manchmal jedoch möchte er sie auf den Mond schießen, weil er so selten dazu kommt, mal etwas ganz für sich alleine zu machen. Auf dem Fußballplatz lachen ihn die Freunde aus, weil die kleine Schwester wie ein Wachhund am Rand steht und ab und zu nach ihrem „Timm" quietscht. Und wenn sich Timmi mal mit seiner Schwester in die Haare kriegt, was manchmal passiert, dann hört er immer nur: „Timm, sei doch vernünftig, sie ist doch viel kleiner und schwächer als du." Timms Schwester ist ein Biest. Sie kann ihren Bruder nach Herzenslust ärgern, weil sie genau weiß, daß ihr im Ernstfall nichts passiert. Timm muß ja vernünftig sein!

Der Jonathan ist acht Jahre alt und der hat es gut. Sein Bruder Lukas ist gerade achtzehn geworden und für Jonathan der Häuptling der Familie. Jonathan ist ein „Wunschkind" von Lukas. Er hatte schon immer einen kleinen Bruder gewollt, und als Jonathan endlich da war, war Lukas stolz und glücklich. Lukas war nie eifersüchtig, und wenn er heute etwas zu meckern hat, dann höchstens über seine Eltern – nicht aber über Jonathan. „Die Eltern", so sagt Lukas, „waren mit mir viel strenger. Wenn Jonathan heute erst um halb sieben nach Hause kommen muß, so hatte ich schon um fünf Uhr dazusein." Auch in der Schule hatten die Eltern ein wachsameres Auge auf Lukas. Die Mutter und der Vater sagen: „Wir sind mit unserem ersten Kind auch reifer und erwachsener geworden, bei dem zweiten Kind nimmt man vieles nicht mehr so tragisch."

„Schlimm ist es, wenn Lukas sich in den Ferien selbständig macht", erzählt Anna, die Mutter. „Dann wird Jonathan meistens ein stilles Kind, und alles macht ihm nur halb soviel Spaß. Und wenn Lukas dann wieder nach Hause kommt, dann dreht Jonathan beinahe durch vor Freude. Der große Bruder zählt für ihn mehr als der Rest der Familie."

Prügeleien gab es zwischen Lukas und Jonathan nie. „Manchmal kämpfen wir", erzählt Lukas, „und dann lasse ich mich auch mal zu Boden drücken, dann ist Jonathan stolz und glücklich, daß er seinen großen Bruder besiegt hat." Überhaupt, die Gespräche „unter Männern" finden zwischen Lukas und Jonathan statt. Schon früh lernte Jonathan alles über Autos und Amerika. Denn Amerika ist die große Liebe von Lukas – und eines Tages wollen die beiden Brüder gemeinsam in die USA auswandern. Jonathan darf immer dabeisein, wenn Lukas' Freunde kommen. „Das würde ihn zu sehr kränken, wenn ich ihn einfach aus dem Zimmer schmeißen würde", sagt Lukas.

Und umgekehrt gilt das genauso. Als Jonathan seinen achten Geburtstag feierte, hat er ganz alleine mit seinem Bruder die Party geschmissen – und alle Geburtstagsgäste haben sich köstlich amüsiert. Der große Lukas hinterm Busch als Räuber und Bandit – das war eine tolle Sache. Für solche Kinderspäße ist sich der Lukas auch nicht zu schade. Er weiß selbst, was er als kleiner Junge gern gespielt hat. Seitdem Jonathan zur Schule geht und lesen kann, hat Lukas seine abendliche „Märchenonkel-Stunde" aufgegeben. Jetzt erzählen sich die beiden Brüder vor dem Einschlafen von Amerika, von Hochhäusern, manchmal von Computern oder moderner Musik. Jonathans bester Lehrmeister ist sein großer Bruder.

# Andere Kinder heißen wie ihr Vater

## Manchmal reicht die Liebe nicht für ein ganzes Leben

Jim will Lokomotivführer werden. Inge träumt vom Fliegen. Jonas wird Detektiv, und Britta will fünf Kinder haben. Und dann kommt doch alles anders, als man denkt. Viele Erwachsene sagen: Es ist ganz normal, wenn du heiratest und Kinder bekommst. Es ist nicht normal, wenn du Kinder bekommst und nicht heiratest. Es ist ganz normal, wenn Kinder mit ihren Eltern aufwachsen, es ist nicht normal, wenn Kinder nur bei einem Elternteil großwerden.

Nun wollen wir uns hier nicht darüber streiten, was normal ist und was nicht normal ist. Wir wollen nur einen kleinen Anstoß geben, mal darüber nachzudenken, wie die Vorstellungen der großen Leute oft gar nichts mit den Vorstellungen der kleinen Leute zu tun haben.

So wie Tante Amalia, die über Daniela die Nase rümpft, weil sie sich eines Tages entschlossen hatte, ihr Kind alleine zu erziehen. Was heißt denn hier falsch – und was heißt denn hier richtig? Das Leben ist nun mal kein vorgeschriebener Trampelpfad: da muß eigentlich jeder die Chance haben, einen eigenen Weg zu finden, seine eigenen Erfahrungen zu machen. Was richtig ist oder was falsch ist, das weiß er dann oft hinterher schon ganz allein. Natürlich ist es wunderschön, wenn eine Familie, Vater, Mutter, Kinder, eine glückliche Einheit bildet. Aber das muß nicht heißen, daß diese eine einzige Lebensform auf Gedeih oder Verderb gelebt werden muß. Wir meinen, am besten ist es immer noch, wenn die Menschen, die mit ihren Kindern leben, glückliche Menschen sind, ob nun alleine oder zu zweit, das ist die beste Garantie dafür, daß auch die Kinder glücklich sind, und das ist doch das Wichtigste, oder?

## Sandras beste Mutter

Daniela ist eine richtige Puppenmutter. Von morgens bis abends wickelt und füttert, badet und pflegt sie ihre vier Kinder – und wenn es mal Ärger gibt in der Puppenstube, sagte Daniela: „Warte nur, bis Papa heute abend nach Hause kommt."

Papa, das ist Timm. Doch nicht mehr lange darf er Danielas Puppenvater sein. Timm ist doof. Im Kindergarten kümmert er sich gar nicht mehr um seine und Danielas Kinder, sondern hat nur noch Pistolen im Kopf. Und gestern hat er auch noch mit den anderen Jungen gesagt: „Mädchen sind langweilig." Da war es aus. Nun ist Daniela eine alleinerziehende Mutter. „Männer", so sagt sie, „kommen mir nicht mehr ins Haus!"

Natürlich hat sich Danielas Einstellung im Laufe der Jahre verändert. Als sie 15, 16, 17, 18 Jahre alt war, da kamen die Jungen scharenweise ins Haus, und die Eltern runzelten gar manchmal die Stirn. Dann machte Daniela Abitur und ging zur Universität. Sie hatte sich viel vorgenommen, studierte Philosophie und Geschichte und wälzte Bücher. Sie hatte Freunde, aber – wie sie sagt – „nie den Richtigen".

„Daniela, wie hast du dich verändert", staunten ihre Verwandten auf den Familienfesten. „Früher warst du eine häusliche Puppenmutter. Und heute? Willst du denn nicht bald heiraten???"

Daniela dachte manchmal ans Heiraten. Einen Mann, eine Familie, Kinder ... davon träumte sie ab und zu. Doch dann sah sie ihren Beruf und war zufrieden mit ihrem Leben. Daniela war schon als Kind sehr selbständig gewesen, sie blieb es auch als Erwachsene. Ihre Eltern ließen sie früh auf eigenen Beinen stehen. Daniela konnte ihr Leben in die Hand nehmen – und sie war wählerisch. Sie hatte viele nette Freunde – aber keinen fürs Leben, wie man so schön sagt. Und so verging die Zeit.

Daniela wurde älter, und eines Tages saß sie wieder im Kreis ihrer großen Familie, neben ihr die kleine Tochter Sandra. „Sandra", so lächelte Daniela stolz, „ist wie ich eine richtige Puppenmutter. Schon jetzt hat sie mit ihren drei Jahren eine Großfamilie." „Hoffentlich haben wenigstens Sandras Kinder einen Vater", rümpfte Tante Amalia die Nase und Daniela verstand den Angriff sofort. Niemand wollte begreifen, daß Daniela freiwillig auf eine Heirat verzichtet hatte, daß sie zu ihrem Entschluß stand und sagte: „Ich werde mein Kind alleine erziehen."

„Armes Kind", klagte Tante Amalia mit tragischem Blick. „Alleinerziehende Mütter haben es doch heute in der Gesellschaft so schwer. Wie gut könntest du es haben, wenn du Sandras Vater geheiratet hättest. Du hättest ein Haus, eine Familie und müßtest jetzt nicht arbeiten." Nein, Tante Amalia wollte Daniela nicht verstehen. Daniela ging es gut. Sie wollte kein Haus, sie lebte glücklich mit ihrer Tochter in einer Dreizimmerwohnung. Und vor allem: Daniela wollte arbeiten. Sie war Sandras beste Mutter – aber sie war auch eine gute Geschichtslehrerin.

„Aber das arme Kind braucht einen Vater, findest du das nicht ein bißchen egoistisch von dir?" räumte Tante Amalia ein und putzte sich zwei dicke Krokodilstränen aus den Augenwinkeln. Das war Danielas wunder Punkt. Tante Amalia hatte sie auf den Nerv getroffen. Natürlich wollte sie nicht egoistisch sein und das Kind ganz für sich alleine haben, sie wollte auch Sandra nicht den Vater vorenthalten. Daniela hatte damals eine ganz einfach Überlegung. Sie mochte Sandras Vater gerne, doch sie war sich nicht sicher, ob diese Liebe für ein ganzes Leben reichen würde. Daniela war glücklich, sie litt nicht darunter, mit dem Kind alleine zu leben, sie fühlte sich nicht als bedauernswerte alleinstehende Mutter. Sie dachte: Wenn ich unglücklich bin, dann leidet auch mein Kind. Also traf sie die Entscheidung: Ich lebe mit Sandra alleine.

Sandra geht in eine Kindergruppe. Dort hat sie viele Freunde, große und kleine. Daniela schirmt ihre Tochter nicht ab, Sandra lernt früh, daß es auf dieser Welt viele verschiedene Möglichkeiten gibt, die man leben kann. Sandra ist eine treue Puppenmutter. Sie hat vier Kinder. einen Teddybären und einen Puppenvater. Auf den Vater besteht sie ausdrücklich.

Daniela würde ihr niemals erzählen, daß Kinder keinen Vater brauchen. Sandra soll auch die Freiheit haben, später, wenn sie erwachsen ist, für sich die Lebensform zu wählen, die sie glücklich macht.

Vielleicht wird Sandra eines Tages – wenn sie erwachsen ist – ihrer Mutter dieselben Vorwürfe machen, wie Tante Amalia es heute tut. Damit muß Daniela rechnen – und dann wird Daniela ihr antworten: Ich konnte mich damals nur so entscheiden, weil ich dachte, daß es für uns alle die beste Lösung wäre. – Vielleicht wird es aber auch so kommen, daß Sandra eines Tages für sich eine Lebensform wählt, bei der Daniela sich die Haare sträuben, so wie heute bei Tante Amalia. Zu guter Letzt besteht natürlich auch die Möglichkeit, daß Sandra heiratet und Mutter wird. Daniela wäre dann eine glückliche alleinstehende Oma.

# Es wird gegessen, was auf den Tisch kommt!

## Was Kinder von gesunder Ernährung haben

Würg! Schon wieder Müsli, Buchweizenpuffer und Grünkern in der Suppe. Mamas Augen leuchten: „Das ist ja so gesund!" Gestern hat sie Brot gebacken, natürlich mit Vollkorn, und dann der Kümmel und Leinsamen. Mamas Augen strahlen: „Achtet mal auf eure Verdauung, da werdet ihr den Unterschied schon merken."

Gestern gab es Krach zu Hause. Papa war einkaufen und hat die Biokartoffeln vergessen. Ehrlich gesagt, er wollte Mama ärgern, weil sie ihm mittags den Sojaeintopf als Rindergulasch angedreht hatte. Naja, und während Mutter mit roten Backen und glänzenden Augen die Erdbeeren (natürlich mit Pferdemist gedüngt) in Agar-Agar einkocht, träumen die lieben Kleinen von Kunstspeiseeis, giftgrünen Flutschfingern und knallroten Gummibärchen, Pommes und Ketchup. Hm ...

Öko-Fritzen werden sie in der Schule genannt, wenn sie ihre körnigen dunklen Brote, mit Hausmacher Sojawurst bestrichen, aus dem Papier wickeln. „Gut", sagt der Vater in seinen besten Augenblicken, „vielleicht übertreibt Mama zur Zeit ein wenig, aber im großen und ganzen hat sie schon recht. Sie ist ernährungsbewußt."

Richtige Ernährung ist ein Lernprozeß. Nicht nur für die Frauen und Männer zu Hause am Kochtopf. Es dauert vielleicht eine Zeitlang, und dann haben sie den Dreh raus. Aber, der Mensch ist ein Gewohnheitstier. Viel zu lange wurde ihm eingetrichtert, daß anständig Fleisch auf dem Tisch stehen soll, daß Fettpolster den Körper wärmen. Seit ein paar Jahren sind nun die Ernährungswissenschaftler dabei, mit diesem Irrtum gründlich aufzuräumen. Würden die Menschen mehr Vollwertkost zu sich nehmen, denn gerade in den Schalen der Getreidekörner finden sich die ganzen wertvollen Stoffe, wären sie von etlichen Zivilisationskrankheiten verschont.

Aber nein, wir wollen alles blütenweiß haben. Weißes Mehl, weißen Zucker, und da geht's schon los. Da sind die Vitaminräuber. Nun, und wie es mit der Luft, den Böden und dem Wasser aussieht, das wissen wir heute ganz genau. Ist es da nicht verständlich, wenn es immer mehr Leute gibt, die ihr Gemüse und ihr Obst in Bioläden kaufen? Da wissen sie wenigstens, daß nicht auch noch Gift auf die Pflanze gespritzt wurde. Leider sind die Produkte in Bioläden immer noch teurer als die aus dem Supermarkt. Das liegt daran, daß die Bio-Bauern in kleineren Mengen anbauen, daß eine biologische Landwirtschaft mehr Zeit und Arbeit kostet, und daß die Tiere zum Beispiel nicht in solchen Massenkäfigen gehalten und in allerkürzester Zeit zum Schlachtvieh gemästet werden.

Und: Irgendwie hängt unsere Ernährung sogar noch mit der Dritten Welt zusammen. Dort wird die Sojabohne – übrigens ein Hauptnahrungsmittel der Bevölkerung in der Dritten Welt – nicht für die eigenen Menschen angebaut, nein, sie wird exportiert in die reichen Industrieländer als Futtermittel für die Tiere. Mit der Ernährung ist das also gar nicht so einfach wie mit einer Portion Pommes frites und Ketchup.

Ein umgedeutetes Sprichwort heißt: Sage mir, was du ißt, und ich sage dir, wer du bist. Heutzutage kann sich kein Mensch mehr so gedanken- und problemlos wie früher verköstigen. Alles hängt zusammen: Umweltschutz, Tierzucht, Hunger in der Dritten Welt, Übersättigung in unseren Breitengraden – und nicht zuletzt die eigene Gesundheit. Das ist schon beinahe eine Wissenschaft für sich.

Nun dürfte man eigentlich – trotz aller genannten Probleme – die ganze Frage der Ernährung nicht so verbissen sehen. Was nützt es uns, wenn wir jeden Morgen das Müsli runterwürgen und statt dessen lieber eine anständige Schnitte Brot mit Leberwurst essen möchten? Zur Gesundheit gehört doch auch die Lust und die Freude am Essen. Irgendwo habe ich mal gelesen, daß das Auge immer mit ißt. Wenn wir also einen riesigen Appetit haben und unsere Lieblingsspeise auf dem Tisch steht, dann jubeln bereits die Magensäfte, bevor wir auch nur einen Bissen verzehrt haben. Diese Lust am Essen ist für die Verdauung ebenso wichtig wie eine Portion Grünkern oder Buchweizen.

Machen wir uns also Gedanken darüber, was wir essen, wieviel Chemie und andere Gifte in den Nahrungsmitteln verborgen sein können, und woher das Essen kommt – ohne Vorurteile, denn die biologische Vollwertküche kann köstlich sein. Aber: Beißen wir uns nicht fest an Körnern und dem Wörtchen „bio" – zum Essen gehört die Lust, die Freude und der Appetit – und nicht immer die bange Frage: Ob das alles wohl gesund ist, was da auf den Tisch kommt? (Angst macht krank!!).

## Der goldene Mittelweg

Max war ein Suppenkaspar. Nichts schmeckte ihm. Zumindest nichts von dem, was ihm seine Mutter täglich kochte. Am liebsten hätte er nur von Pommes frites, Ketchup, Bratwürsten und Eis gelebt, aber das gab es nicht bei ihm zu Hause. Max war auch noch eine Naschkatze. Lollis, Schokolade, Lakritz und Gummibärchen waren seine große Leidenschaft, und ein paar Löcher in den Zähnen hat er auch schon.

Zu Hause gab es jeden Tag Ärger. Wenn er seine Mutter am Kochtopf sah, fragte er mißtrauisch: „Was gibt's denn heute?" Und schon war die Mutter auf neunundneunzig. Und dann am Tisch: Der Vater guckte grimmig, die Mutter war verzweifelt. Max puhlte die Zwiebeln aus dem Kartoffelsalat, Kräuter und Salat waren ihm ein Greuel, die Erbsen würgte er mühsam durch die Speiseröhre – und während die Eltern auf ihn einredeten, träumte Max wie die kleine Raupe Nimmersatt von Lollis, Eis und dicken sauren Gurken. „Pfui Teufel", sagte die Mutter, „aus dir wird nie was."

Dabei war Max ein kräftiger Kerl. In seiner Fußballmannschaft ist er der schnellste Stürmer, und jeden Baum erklimmt er wie ein wendiger Affe bis zur höchsten Spitze. Was wollten seine Eltern eigentlich noch von ihm? Sie wollten, daß er gesund lebt. Denn sie befanden sich auf dem „biodynamischen Trip". Und das ging vor sieben Jahren los. Genauer gesagt, seit dem Tag, an dem Max geboren wurde.

Alles fing so an: Zwei Monate vor Maxens Geburt lasen die Eltern einen großen Artikel in der Zeitung. Da stand geschrieben, daß viele Zivilisationskrankheiten in unserer modernen Gesellschaft auf eine falsche Ernährung zurückzuführen seien. Der Zucker sei ein Vitamin-B-Räuber und schädige auf Dauer Zähne und Knochen, die Milch sei vergiftet, die Luft ebenso, der Regen sei sauer und der Boden kaputtgewirtschaftet von den vielen chemischen

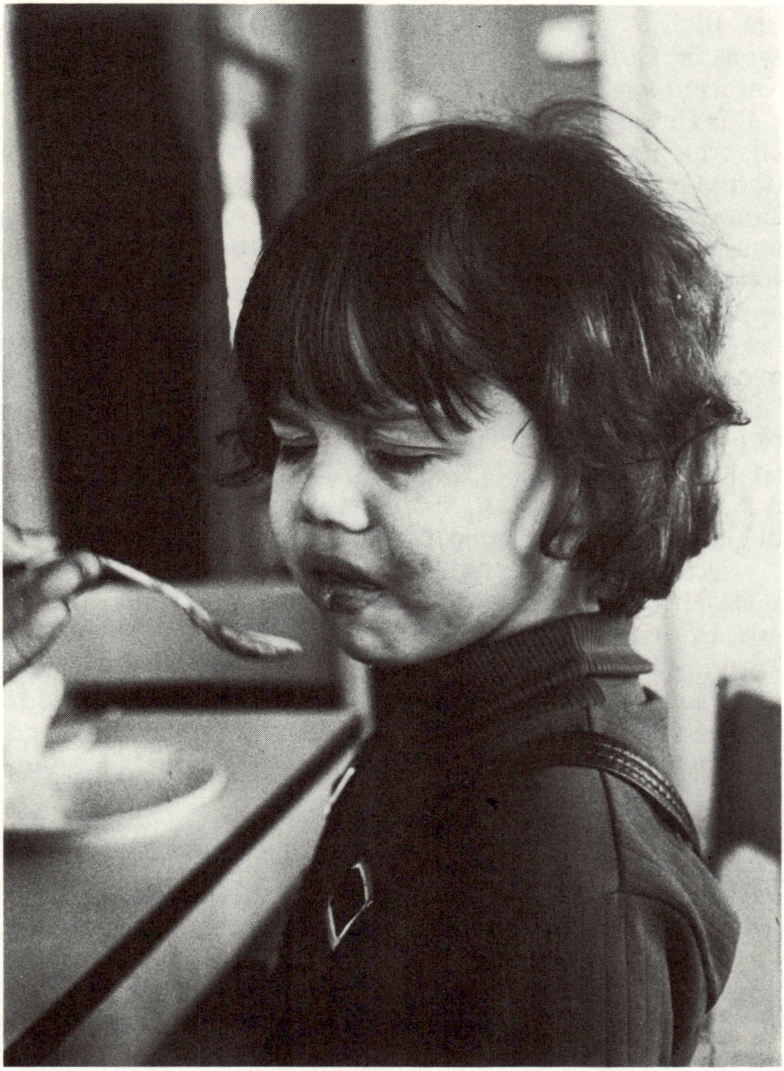

Düngemitteln. Die Experten schrieben, daß gerade unter der Schale die wichtigsten Nährstoffe sitzen. Die einen sagten: Bloß keine Karotten mehr essen; denn Wurzeln sind typische Giftspeicher. Die anderen sagten: Ausgerechnet Karotten sind besonders gesund.

Das Fleisch ist versaut mit Antibiotika, der Spinat zu stark angereichert mit Nitrat, den Fisch aus verseuchten Flüssen und Meeren sollte man gleich vom Speisezettel streichen. Und was es dann noch so gibt und eigentlich ganz lecker aussieht, das ist dann chemisch haltbar gemacht mit schädlichen Konservierungsstoffen oder für das Auge appetitlich zubereitet mit giftiger Farbe.

Wie auch immer, in jedem Essen fanden die Ernährungsexperten mindestens ein Haar in der Suppe. Und das Schlimmste ist, sie haben recht. Sich heutzutage noch so richtig gesund zu ernähren, ohne Gift und ohne Chemie, ist kaum noch möglich. Selbst der schönste alternative Ackerbau braucht Luft, Sonne und Regen, ja – und da beginnt der ganze Kreislauf wieder von vorne.

Maxens Eltern wälzten stapelweise Bücher, und je mehr sie lasen, desto mehr wußten sie, was sie künftig nicht mehr essen durften. Die ganze Küche wurde umgestellt: Vollkornmehl statt Weißmehl, Honig statt Zucker, Fleisch, Fisch und Wurst wurden vom Speiseplan gestrichen, dafür gab es Soja, Hirse und Weizenkeime. Gemüse, Obst und Eier besorgten sich die Eltern für viel Geld beim Bio-Bauern.

Und so wurde Max in eine schöne, heile Ernährungswelt hineingeboren. Mindestens jeden zweiten Tag packte ihn die Mutter ins Auto und raste über die Autobahn hinaus in die freie Natur, wegen der guten Luft. Zu essen gab es nur ungespritzte Naturkost, kleingemixt und mit Körnern zu Brei verarbeitet. Alles war gesund und furchtbar anstrengend. Max schlief schlecht und hatte Blähungen, er war dauernd erkältet und blieb auch von den üblichen Kinderkrankheiten nicht verschont. Bis zu seinem dritten Lebensjahr wußte er überhaupt nicht, was ein Bonbon ist, und wenn ihm die Tante im Laden mal eins in die Hand drückte, quetschte ihm die Mutter das süße Gift wieder zwischen den Fingern raus.

Der kleine Max war nicht dumm. Er merkte, daß es da eine Menge verbotener Sachen gab. Das machte ihn neugierig. Was kümmerten ihn Müsli mit Birne und Sanddornsaft, er wollte Limonade und Spaghetti. Das alles gab es dann endlich, als er in den Kindergarten ging. Ein richtiges Schlaraffenland öffnete sich vor ihm. In seinem Kinderzimmer versteckte er eine Schatzkiste, voll mit Schokolade, Colabärchen, Smarties und Kaugummi.

Max übertrieb es wirklich. Richtig süchtig wurde er auf das süße Zeug, während der ungespritzte Apfel in der Ecke verschimmelte. Seine Eltern waren verzweifelt. Im Kindergarten diskutierten sie mit den anderen Müttern und Vätern über gesunde Ernährung, doch die hatten keine Lust, sich mit diesem Thema zu beschäftigen. Sie sagten: „Wenn ihr so eine Angst habt, dann müßt ihr auf eine einsame Insel ziehen." Aber da wäre Max nie hingegangen. Seine Freunde waren ihm wichtiger. Er wurde trotzig. Der tägliche Krach am Mittagstisch seiner Eltern verschaffte ihm eine Riesenwut im Bauch. Und das war auch nicht gerade gesund. Sein Kinderarzt verstand eine ganze Menge von Naturheilmedizin. Klar, einen anderen hätten die Eltern auch nicht genommen. Und der fand es ganz prima und wichtig, daß man sich mit gesunder Ernährung beschäftigt und versucht, so wenig Gift wie möglich mit der Nahrung zu sich zu nehmen. Doch eines Tages war er richtig sauer auf die Eltern von Max. „Ihr übertreibt es", sagte er. „Laßt doch den Max auch mal essen, worauf er Lust hat. Dauernd predigt ihr ihm vor, was er alles nicht darf. Davon kann einem ja regelrecht der Appetit vergehen. Am besten, ihr seht die ganze Sache mal etwas lockerer."

Zuerst waren die Eltern wütend über den Vortrag, den ihnen der Kinderarzt gehalten hatte. Doch jetzt sieht es bei Max zu Hause anders aus. Wenn er sich Spaghetti oder Bratwurst wünscht, dann kocht seine Mutter ihm seine Lieblingsspeisen, und dabei hat sie gar kein schlechtes Gewissen mehr. Immerhin sieht sie, wie Max mit großem Vergnügen den Teller leer futtert, und seit einiger Zeit haut er sich auch nicht mehr den Bauch mit Süßigkeiten so voll wie früher. Noch immer achtet die Mutter darauf, daß die Familie sich vernünftig ernährt, und mittlerweile kennt sie eine ganze Menge köstlicher Rezepte aus der biologischen Küche, die erstaunlich gut schmecken. Das findet auch Max. Wenn es Hirsefrikadellen gibt, dann kann er gar nicht genug davon bekommen.

Seit zwei Jahren geht Max nun in die Schule. Er kann lesen und schreiben. Ab und zu schickt ihn seine Mutter zum Kaufmann um die Ecke. Und da staunen die Hausfrauen über Max. Er ist ein richtig kritischer Einkäufer. Die Etiketten der Waren studiert er ganz genau. Konservierungsstoffe und Farbstoffe im Essen findet er auch nicht so toll. Und kürzlich in der Schule machte seine Lehrerin eine Unterrichtseinheit über Ernährung. Da hielt Max einen großen Vortrag. Er erklärte, daß er es wichtig findet, auf gesunde Ernährung zu achten, gerade heute, wo die Luft und die Flüsse schon so verschmutzt sind.

Doch Max findet auch, daß es genauso wichtig ist, mit Lust und Laune zu essen – und daß man die ganze Sache nicht so verkrampft sehen darf. Süßigkeiten und Pommes frites schmecken ihm nun mal ebenso gut wie Mutters Sojabohnen und Hirsefrikadellen. Max hat es geschafft, den goldenen Mittelweg zu finden.

# Stundenlang vor der Glotze

## Kinder haben eine Idee

Eines Tages saß der dreijährige Felix bei seiner Tante im Wohnzimmer, als seine Cousine hereinstürzte, zielstrebig auf den viereckigen Kasten mit der Glasscheibe zurannte und mit einem winzigen Knopfdruck das seltsame Gerät, das es bei Felix zu Hause nicht gab, in eine Zauberkiste verwandelte. Felix erlebte eine Weltpremiere: Das Ding fing an zu sprechen, und dann lachte es, und dann schrie es, und dann wieherte es, und dann machte es Musik... Und das war noch nicht alles: Da waren Menschen drin, in der kleinen Kiste, richtige Menschen, nur hundertmal kleiner als in Wirklichkeit, und Autos und Straßen, und Bäume und Pferde. Felix kroch unter den Tisch vor lauter Schreck. Als er den ersten Schock überwunden hatte, schlich er sich vorsichtig an den verrücktgewordenen Kasten. Er wollte sich die Pferde etwas genauer ansehen, doch im nächsten Moment waren sie auch schon wieder verschwunden. Er wollte sie festhalten, doch alle Bilder liefen ihm davon. Wohin wohl? Wo kamen sie nur alle her: die Menschen, die Tiere, die Autos, die Landschaften, die Geräusche? – Gott sei dank hielt die Glasscheibe dicht – so daß die Revolverkugeln, die quietschenden Autos, die Cowboys mit ihren Pferden nicht aus dem Kasten auf den Wohnzimmerteppich kullerten. Manche Bilder waren richtig schön. Felix hätte sie gerne länger betrachtet, aber auch die liefen ihm alle davon, der Apparat bestimmte alles. Kaum hatte Felix mit seinen Augen eine Szene erfaßt, da war sie auch schon wieder weg. Felix fühlte sich an der Nase herumgeführt. Er wurde wütend, er ließ sich noch nie gerne von anderen bestimmen, schon gar nicht von so einer doofen Maschine. Er rannte zu der Flimmerkiste und prügelte auf sie ein. „Halt, halt nochmal, ich hab' noch nicht fertig geguckt!" schrie Felix. Aber der Kasten blieb stur. Felix war machtlos. Die Bilder rasten an ihm vorbei und verschwanden. Nach einer Stunde war der Spuk vorbei.

Hochzufrieden drückte die Cousine wieder auf denselben Knopf, und der Apparat verstummte augenblicklich. Die Tante hatte unterdessen die Ruhe genutzt, um ausgiebig zu telefonieren. „Morgen geht's weiter", jubelte die Cousine und legte die Fernsehzeitung zurück auf den Tisch.

Nachts schlief Felix schlecht. Die schnellen Bildern liefen ihm immer noch in seinem Kopf davon. „Eigentlich eine ziemlich gesunde Reaktion," sagten die Eltern von Felix, „immerhin, es war seine erste Begegnung mit dem Fernseher." Und sie sahen die Zeit gekommen, Felix zu lehren, wie man „sinnvoll und vernünftig" mit so einem Gerät umgeht. Lehrreiche Naturfilme sollte er sehen, nur anspruchsvolle Unterhaltung, bloß nichts, was Angst macht, schöne Kinderfilme, die es ja schließlich auch im Fernsehen gibt...

Das alles war vor fünf Jahren. Felix ist nun alt genug, um seine persönlichen Erlebnisse mit dem Fernseher selbst zu erzählen. Aber im Moment ist das leider nicht möglich, er darf auf gar keinen Fall gestört werden: „Bitte nicht ansprechen, Kind ist bissig", könnte man abends zwischen sieben und acht an die Wohnzimmertüre schreiben. Da sitzt nämlich Felix mit glänzenden Augen und hochroten Wangen und glotzt mit seiner Cousine „Ein Colt für alle Fälle".

## Fernseh-Familienrat

Mit dem Fernseher ist das so eine Sache. Da steht so ein Ding dick und fett wie ein Möbelstück im Wohnzimmer herum. Man braucht nur auf den Knopf zu drücken, und schon sind sie alle da: Captain Future, Ernie und Bert, Marco, Heidi, Winnetou und wie sie sonst noch alle heißen. Eine tolle Kiste, denken sich da die Kinder. Mitten im Spiel, nachmittags um fünf, klingelt in ihnen der innere Wecker, sie lassen alles stehen und liegen, und ein paar Minuten später sitzen sie wie gebannt vor der Glotze. Was sonst noch so um sie herum passiert, nehmen sie in dieser Zeit gar nicht mehr wahr. Schließlich muß man ja auf dem laufenden bleiben, denn es hat schon so mancher in der Schule seinen Spott geerntet, wenn er Captain Futures neuestes Abenteuer noch nicht kannte. Und mit den Eltern ist es nochmal eine ganz andere Sache. Einerseits meckern sie herum, wenn die Kinder sich vor die „Glotze" hauen, sie sagen, daß sie lieber spielen sollten; andererseits sind sie auch ganz froh, wenn der Fernseher endlich läuft und für eine oder mehrere Stunden Ruhe im Haus herrscht.

Also, die Sache mit dem Fernsehen ist gar nicht so einfach. Experten sprechen sogar von einer regelrechten „Fernsehsucht" bei den deutschen Kindern. Sie meinen zu wissen, daß für fast alle Kinder Fernsehen nach „draußen spielen" die zweitliebste Beschäftigung sei. Die Klasse 8b der Carl-Schomburg-Schule in Kassel wollte es genau wissen. 13- bis 15jährige Jungen und Mädchen starteten eine Umfrage. Gemeinsam mit ihrem Deutschlehrer entwarfen sie ein Programm:

1. Wie heißt Deine Lieblingssendung?
2. Wer ist Dein Lieblingsschauspieler?
3. Wann hast Du Dein letztes Buch gelesen?
4. Sollte brutale Gewalt im Fernsehen dargestellt werden?
5. Wie lange siehst Du täglich (im Durchschnitt) fern?

Insgesamt befragten sie 2000 Kinder und Jugendliche. Das Ergebnis dieser Umfrage war für die Schüler erschrekkend: Die meisten der Acht- bis Dreizehnjährigen sitzen täglich bis zu drei Stunden vor der Flimmerkiste. Von der „Droge im Wohnzimmer", so nannten die Schüler den Fernsehapparat, haben sie dann gemeinsam mit ihrem Deutschlehrer gesprochen. Sie haben sich gefragt, warum so viele Kinder täglich so eine lange Zeit vor dem Fernseher verbringen. Eine Vermutung dazu war, daß die Umwelt der Kinder und Jugendlichen immer weniger Freiraum lasse, vor allem in der Stadt, und daß sich die Kinder deshalb oft so langweilen und Abwechslung vor dem Bildschirm suchen.

Naja, das mag sicher zum Teil stimmen. Klar läßt die Stadt den Kindern wenig Spielraum, aber auch dort gibt es immer noch genügend Jungen und Mädchen, die mit ihren Freunden oder auch alleine so viele Ideen haben, daß sie über ihr Spiel sogar die Glotze vergessen. Ein bißchen liegt es doch sicher auch daran, daß das Fernsehen zu einer richtig dummen Angewohnheit werden kann.

Warum wird denn der Fernseher von so vielen Erwachsenen immer so schlecht gemacht, wo es doch oft so einen Spaß macht, die verrücktesten, witzigsten, spannendsten oder abenteuerlichsten Sachen zu sehen? Ein Kinderpsychologe schrieb dazu in einem Buch: Fernsehen macht Kinder nervös. Die schnell aufeinanderfolgenden Bilder können die kleinen Zuschauer gar nicht richtig in ihrem Kopf aufnehmen; dabei verlernen sie, andere Dinge länger zu betrachten, alles muß schnell gehen, so schnell, wie die Bilder über die Mattscheibe laufen. Das kann sogar so weit führen, daß Kinder und Erwachsene an keinem Spiel und keiner Arbeit mehr länger mit Ruhe und Geduld teilnehmen können. Der Psychologe schreibt jedoch noch einen anderen wichtigen Gedanken: Alles, was wir in unserem Kopf, in unseren Geist aufnehmen, also jedes Bild auch aus

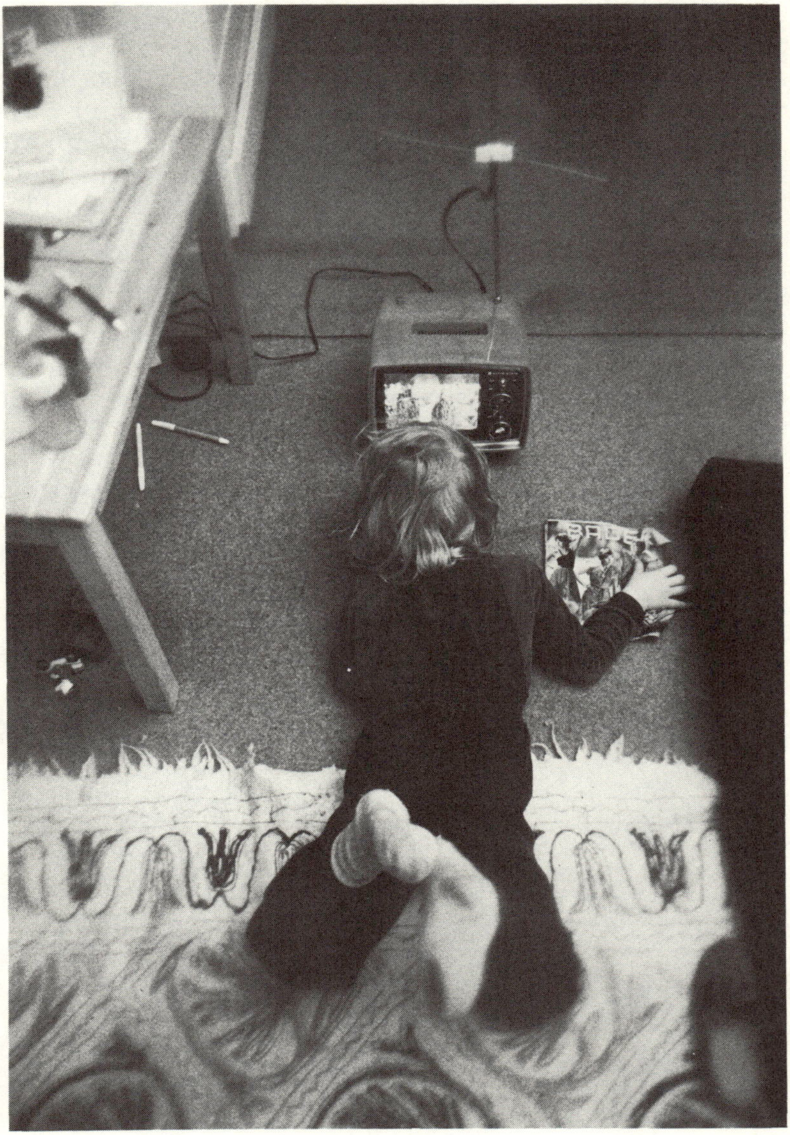

der Flimmerkiste – bleibt für immer dort gespeichert. Wir vergessen zwar manches, aber trotzdem ist es immer noch vorhanden. In Träumen zum Beispiel kommen diese Bilder aus unserem inneren Speicher dann wieder zum Vorschein, oder oft auch bei anderen Gelegenheiten, wenn wir zum Beispiel plötzlich ängstlich werden und gar nicht so genau wissen, warum. Das heißt also, daß jeder Mord im Fernsehen, jedes Bild, das wir in der Geschwindigkeit nicht begriffen haben, sich in unserem inneren Speicher stapelt und auch dort bleibt – ein Leben lang.
Ist es da nicht wichtig, genau zu überlegen, was wir sehen wollen und was nicht? Immerhin können wir darüber ganz frei entscheiden, denn so ein Fernseher stellt sich ja nicht von alleine an. Der Kinderpsychologe zum Beispiel schreibt in seinem Buch, wie seine Familie das Fernseh-Problem gelöst hat: „Wir gehen wöchentlich mit der ganzen Familie das Programm durch und überlegen, was es an Sehenswürdigem gibt."

Ich finde die Idee gut. Es würde sich, meine ich, auf jeden Fall lohnen, sie einmal für ein paar Wochen auszuprobieren. Vielleicht erledigt sich dann mancher Familienärger wie von selbst.

# Abschied und neuer Anfang

## Wenn Eltern umziehen

So ein Umzug ist eine verrückte Sache. Einerseits wahnsinnig spannend, weil da ja wirklich ein neuer Lebensabschnitt beginnt, und andererseits furchtbar traurig und schwer, weil man sich von seinen Freunden verabschieden und trennen muß. Wenn es nach den Kindern ginge, dann würden sie sicher gerne ihre ganze Kindheit an einem einzigen Ort verbringen. Wie schön wäre es, wenn die Mädchen und Jungen so wie früher in einem Elternhaus groß werden könnten, mit einem Garten und vielen Bäumen und mit Nachbarn, zu denen man Tante und Onkel sagen kann. Das sind Erinnerungen, die einen durchs ganze Leben tragen können. „Guck mal", so könnte man dann später zu den Kindern und Enkelkindern sagen, „hier bin ich aufgewachsen, und dort hat mein Freund gewohnt, und in diesen Bach bin ich hineingeplumpst, und da oben im Wald war unsere Höhle ..."

Heute ist so eine geborgene Kindheit an einem vertrauten Ort nicht mehr vielen Kindern vergönnt. Die Zeiten haben sich tatsächlich verändert. Leben müssen die Eltern dort, wo sie ihr Brot verdienen. Und da ist es oft nötig, daß die Eltern von einer Stadt in die andere – oder gar von einem Land ins andere ziehen müssen. Kinder sträuben sich da meistens. Sie mögen nicht gerne vertraute Gewohnheiten aufgeben oder sich gar von Freundinnen und Freunden trennen.

Doch die Erfahrung hat gezeigt, wenn sich die Kinder in der neuen Heimat wieder eingelebt haben, dann gibt es auch dort nette Freunde und lustige Plätze zum Spielen, und überhaupt, so ein Umzug macht reich, reich an Freunden und reich an Erfahrung.

## Ein Pirat mit zitterndem Herzen

„Nein!“ brüllte Florian. „Doch!“ erwiderte die Mutter mit einer Stimme, hart wie aus Beton. Mutters Entscheidung stand fest. Diesmal hatte Florian keine Chance mehr, an ihrer Meinung noch ein bißchen zu drehen, an der Entscheidung zu rütteln und zu schütteln. Mutter stand, ganz anders als sonst, wie ein Fels in der Brandung. Florian mußte erkennen: Er befand sich auf aussichtslosem Posten. „Wann?“ fragte er mit matter Stimme. „Am 1. Juli“, antwortete die Mutter. Florian schwieg und drehte sein Gesicht – wie immer in den schwersten Augenblicken seines Lebens – stumm zur Wand, und die Mutter wußte, daß gleich das ganze Elend in seinem Kinderherzen anstehen würde. Ein tiefer Seufzer, und die Schleusen waren geöffnet. „Warum gerade ich?“ schrie Florian mit schicksalsschwerer Stimme. „Du entschließt dich so einfach, in eine andere Stadt zu ziehen, und ich muß, ob ich will oder nicht, mit dir gehen!“

Es folgte nun eine längere Auseinandersetzung darüber, daß die Großen zwar immer so tun, als dürften die Kinder auch ihre Meinung sagen, sie, die Großen, jedoch bei den wichtigsten Entscheidungen wie beispielsweise Umzug, Elterntrennung, Schule und so weiter ... sowieso immer am längeren Hebel sitzen. Mutter hatte dieser Logik nichts entgegenzusetzen, und Florian faßte das Gesprächsergebnis noch einmal zusammen: „Wenn's drauf ankommt, läuft hier sowieso alles nach deiner Nase.“

Zwei Stunden später legte Florian seiner Mutter stumm einen großen Zettel auf den Tisch mit der Aufschrift: Und was geschieht mit ihnen? Es folgte dann eine wirklich sehr eindrucksvolle lange Liste mit Namen: Mirjam, Mathias, Amelie, Malte, Patrick, Marsha und so weiter ... alles Florians Freunde, die er durch einen Umzug verlieren würde. Florian kämpfte mit harten Bandagen, doch die Mutter war nicht zu erweichen. Nun gut, dachte sich Florian und war-

tete den nächsten Morgen ab: „Ich habe eingesehen, daß du gerne von hier wegziehen möchtest", begann er mit beunruhigend ruhiger Stimme seine Rede, „du mußt allerdings verstehen, daß ich hierbleiben möchte", und triumphierend legte er seiner Mutter erneut einen Zettel mit fünf Namen hin: Erdmuthe, Sammy, Gaby, Elmar, Ulla...

„Na und", sagte die Mutter knapp und mit einem Gefühl im Bauch, als lege sie gerade zum dritten Male ihre Fahrprüfung ab. „Was, na und?" antwortete Florian mit dem Gesichtsausdruck eines Oberlehrers, „heute nach Kindergartenschluß werde ich sie fragen, ob ich nach dem 1. Juli bei ihnen wohnen darf, ... wenn du weggezogen bist" – „Nun hab' ich aber genug", brüllte die Mutter, „wir ziehen um, und zwar am 1. Juli, basta!" Florian hatte verloren.

So ein Umzug, behauptete die Mutter vier Wochen vor dem 1. Juli, sei eine tolle Gelegenheit, endlich einmal das Kinderzimmer auszumisten, man könne dann den Möbelwagen eine Nummer kleiner mieten. Florian fühlte sich nun endgültig vom Schicksal hart gebeutelt. Sie – die Mutter – hatte noch nie Verständnis für seine Sammlerleidenschaft gehabt. Es gab einfach nichts in seinem Kinderzimmer, worauf er hätte verzichten können. Dies machte Florian auch Michael, einem Freund der Familie, sehr eindringlich klar. An einem Sonntag, dem vorletzten vor dem 1. Juli, verbarrikadierten sich die beiden im Kinderzimmer und verpackten die Spielsachen in Kisten und Körbe, ohne dabei nur einen einzigen Verlust zu beklagen.

Die letzten vierzehn Tage saß Florian mit seinem Freund Mathias träumend auf den Kisten und Körben. Mal schaukelten sie irgendwo auf einem der sieben Meere und näherten sich einer einsamen Insel, mal bewohnten sie ein gemütliches Wohnmobil im Schatten der Hochhäuser von New York. Florian und Mathias träumten von Umzügen rund um die Welt, von fernen Ländern, neuen Menschen und Abenteuern, wie man sie nur erleben kann, wenn man sich von zu Hause auf und davon macht. Die Spielsachen in den verschlossenen Kisten waren die Schätze tief unten im Bauch des Piratenschiffs. Florian war auf der Reise. Er hatte Abschied genommen von seiner Heimat und seinen Freunden; er war ein Pirat mit zitterndem Herzen.

Es dauerte keine zwei Stunden, da hatten Uwe, Sammy und Elmar, drei bärenstarke Väter, die gesamte Wohnung im Möbelwagen verstaut. Florian nahm Abschied. „Na und", sagte er und drehte sein Gesicht stumm zur Wand.

2. Juli in der neuen Heimat. Eine hübsche Straße und ein großer Garten. Das gefiel Florian. Nette Nachbarn. Sie brachten Kuchen und Blumen. Das Kinderzimmer hätte größer sein können, aber Florian hatte schon Schlimmeres erlebt. Und die Kinder in der Straße? Es sollte von ihnen massenhaft viele geben. Wo waren sie? Hatten sie sich vor dem Piraten in ihre Höhlen zurückgezogen und warteten nun im Hinterhalt auf seinen Auftritt? „Mit denen spiel' ich sowieso nie, nie in meinem Leben, niemals!" schwor sich Florian und beschloß, fortan das Haus nicht zu verlassen.

Draußen brannte die Mittagssonne, und Florian ist nun mal kein Stubenhocker. Er brach seinen Schwur mit Leichtigkeit: „Daß mir da draußen bloß keiner in die Quere kommt", sagte Florian cool mit gerunzelter Stirn und griff ganz lässig seitlich in die Kiste. Ritterhelm auf den Kopf, Schutzschild vor die Brust, einen Colt rechts, einen Colt links und in die Hand das große Gewehr. So zog er hinaus, der „Neue" in der Straße, der seinen Kumpels gleich mal zeigen wollte, wo der Hammer hängt. Stumm ging er die Straße hinauf, bewaffnet bis über beide Ohren. Florian war ein Cowboy mit zitterndem Herzen. Doch die Nummer kam an. Die Kinder kamen hinter den Fenstern und Büschen hervor, und in seinem Kinderzimmer gab es eine Invasion. Wie gut, daß Florian so ein leidenschaftlicher Sammler ist, die Kinder hätten ihm sonst sein Zimmer ratzeputz leergeräumt.

Heute ist die Liste von Florians Freunden in seiner neuen Heimat genausolang wie die Liste von damals. Seine alten Freunde jedoch hat er nie vergessen. Manchmal sitzt er in seinem Kinderzimmer und durchstöbert die Fotoalben, dann beginnt er zu erzählen von Mathias, Mirjam oder Malte, Amelie und Marsha. Und dann dreht er sein Gesicht stumm zur Wand – und keiner darf ihn ansprechen, denn Florian ist ein bissiger Löwe mit zitterndem Herzen.

# Oskar müßte Tarzan heißen

## Von Liebe und Leid mit Haustieren

Der eine hat einen Vogel, den anderen tritt ein Pferd, den dritten laust der Affe und dem vierten pfeift ein Schwein. Spaß beiseite: Viele Kinder möchten so gern ein Haustier haben, und die Eltern leisten hartnäckig Widerstand.

Beinahe jedes Kind wünscht sich ein Haustier, weil es sich das Leben mit einem gefiederten Gesellen oder einem kuscheligen Felltierchen ganz lustig vorstellen kann. Es stimmt: Man kann sich verflixt gewöhnen an so einen Hausgenossen.

Aber! So ein Tier, das braucht schließlich mehr als ein paar Streicheleinheiten am Tag. Das braucht Futter (das kostet Geld), das braucht einen Stall oder einen Käfig oder einen Korb und viel Pflege. Im übrigen ist es von Interesse für die menschlichen Mitbewohner, daß Haustiere saubergehalten und gepflegt werden. Denn manche Tiere können Krankheiten übertragen – und außerdem: Wer mag schon gerne Katzenhaare oder Vogelfedern auf der Butter? Hunde und Katzen müssen geimpft werden, manchmal brauchen sie medizinische Hilfe durch einen Tierarzt. Und für Tiere gibt es keine Krankenkasse.

Also, wir wollen niemandem den Spaß vermiesen, auch wenn wir scheinbar genauso wie manche Eltern reden. Wer sich ein Tier anschaffen will, muß einfach langfristig denken. Manche Vierbeiner leben fünfzehn Jahre und länger. Das ist schon eine Verantwortung. Wohin zum Beispiel in den Ferien mit den kleinen Hausfreunden? Einfach auf die Straße setzen, wie es so viele Leute tun, bevor sie in Urlaub fahren, das ist sicher eine ganz miese Sache.

Also: Haustiere können viel Spaß machen – aber auch viel Arbeit. Die Augen vor dieser Tatsache zu verschließen, wäre Unsinn.

## Die Super-Nachricht

„Ich glaub', mein Schwein pfeift!", brüllt Erich, der Vater, wie ein Löwe: „Der Hase ist schon wieder ausgebrochen!" Und Florian, der Sohn, verkriecht sich klammheimlich in sein Zimmer, wie eine Maus in ihr Loch. „Schon wieder!", faucht Anna, die Mutter, wie eine Katze, und die Nachbarn spitzen ihre Dackelohren und flüstern: „Bei denen ist der Bär los, da geht es zu wie im Affenstall."

Oskar, der dicke, fette Stallhase, hockt mittlerweile drei Gärten weiter auf Herrn Pfeiffers Blumenbeet und labt sich an den Krokussen. Der Herr Pfeiffer steht am Fenster und sagt zu seiner Frau: „Ich glaub', mich tritt ein Pferd." Oskars schwarze Löffel wackeln vor Vergnügen, und genüßlich knabbert er sich voran, bis an Herrn Müllers Tulpenzwiebeln.

Erich, Anna und Florian sind mittlerweile auf Hasenjagd gegangen. Über Zäune, Büsche und Stacheldraht hinweg stoßen sie liebliche Lockrufe nach Oskar, dem schwarzen Ungeheuer, aus. Anna schimpft zwischendurch wie ein Rohrspatz, weil sie sich am Dornengebüsch ein Loch in ihren funkelnagelneuen Rock gerissen hat, und Erich droht mit wilder Gebärde, daß dies nun der letzte Ausbruch von Oskar gewesen sei, sein Schicksal sei besiegelt – und zwar in der Bratpfanne. „Jawohl", bekräftigt Anna, „wir ziehen ihm das Fell über die Ohren, und ich bekomme endlich einen warmen Muff für meine kalten Hände."

Florian wird bleich im Gesicht, und seine Augen füllen sich mit Tränen. Anna und Erich nehmen den erbärmlichen Anblick ihres Kindes zum Anlaß, sofort alle kannibalischen Pläne über den Haufen zu werfen und mit säuselnder Stimme dem dicken, fetten Oskar aufzuspüren. Herrn Pfeiffer müssen sie ein neues Blumenbeet versprechen. Die Nachbarn stehen grinsend hinter den Gardinen, als Erich den schwarzen Hassen, die glückliche Beute, nach einstündiger Jagd wieder in den Stall befördert. „Der hat Zähne wie ein Haifisch", flucht Erich und schwört, daß er das nächste Gitter vom Käfig aus Stacheldraht mit Stromzufuhr anfertigen werde.

Doch das sind alles starke Worte. Zuguterletzt bastelt Erich wiederum einen ganzen Tag – und der dicke fette Oskar läßt sich in einem neuen Palast ganz fürstlich nieder auf frischem Heu mit einer königlichen Mahlzeit aus Karotten, Salatblättern und Kohlrabi. „Wir müssen ihn tüchtig füttern", sagt Anna, „sonst läuft er uns immer wieder weg." Oskar knabbert nicht nur eine Lücke in seinen Stallzaun und die Krokusse von Herrn Pfeiffer, Oskar knabbert auch ein tiefes Loch in Annas Haushaltskasse.

Unterdessen spielt Florian vergnügt mit seinen Freunden Fußball. „So geht das nicht", meckert Erich, „der spielt Fußball, und wir haben die Arbeit mit seinem Hasen."

„Das hab' ich doch gleich gesagt", feixt Anna, „aber nein, wir haben uns überreden lassen und an alle seine Versprechen und Beteuerungen geglaubt. Nun sitzen wir hier mit dem Vieh und wissen nicht wohin damit."

„Wir setzen ihn einfach im Park aus ..." phantasiert Erich. „Pfui", entrüstet sich Anna, „der arme Kerl ist die Wildnis doch gar nicht gewöhnt."

„Wir bringen ihn zum Kaninchenzuchtverein", grübelt Erich weiter.

„Und an unseren armen Sohn denkst du wohl gar nicht dabei", sagt Anna mit vorwurfsvoller Stimme.

„Was willst du eigentlich?" brüllt Erich. „Dann hör auch auf, dich über den Hasen zu beklagen." So wird Oskar mindestens zum fünfunddreißigsten Male die Ursache für einen handfesten Ehekrach.

Oskar müßte eigentlich Tarzan heißen. Mittlerweile hat er es schon geschafft, auch die neuen Gitterstäbe mit roher Gewalt so zu verbiegen, daß der Kopf hindurch paßt. Erich ahnt nichts Gutes.

Abends hat er die Nase endgültig voll. Florian kehrt quietschvergnügt vom Fußballplatz zurück und erkundigt sich mit unschuldiger Miene: „Wurde Oskar heute schon gefüttert?"

„Ja", sagte Anna kurz und unfreundlich.

„Und hast du ihm in der Zoohandlung auch frisches Heu gekauft?" fragt Florian weiter.

„Ja", sagt Anna mit zunehmendem Frost in der Stimme.

„Hallo Erich", wendet sich Florian in beinahe gefährlicher Unschuld jetzt an seinen Vater, „glaubst du wirklich, daß das Gitter vor Oskars Käfig diesmal hält, es sieht nicht so stabil aus?"

An Erichs Kragen platzt der oberste Knopf. Florian schaut ihn an und lacht laut. „Du hast einen Vogel!" Richtig. Genau oben rechts über der Stirn hat Maxi, der blaue Wellensittich, auf Erichs braunem Haar eine Landung vollzogen. Erich wollte gerade zu einem ernsten Wort mit seinem Sohn anheben, jetzt fühlt er sich von dem Vogel blamiert und lächerlich gemacht. Ruckartig schüttelt er seinen Kopf, und Maxi hebt sich mit einem grellen Schrei in die Lüfte, wobei er ein paar kleine Federn auf der Butter hinterläßt.

„Ist er nicht süß!" schwärmt Florian mit glänzenden Augen, „ich glaube, daß der bald sogar sprechen kann."

„Ich glaube", kontert Anna giftig, „daß der bald bis zur Halskrause im Dreck stehen wird, weil du ihm schon seit vier Wochen den Käfig nicht gereinigt hast."

„Ich muß euch eine irre Geschichte erzählen", plaudert Florian unverdrossen weiter. „Heute war ich bei Wiebke zu Haus, und die hatten Besuch. Freunde ihrer Eltern, die kamen mit zwei großen Hunden. Und diese Hunde saßen mit den Freunden auf dem Sofa, und das Frauchen hat einen von ihnen sogar auf die Schnauze geküßt ..."

Anna wird dieser ganze Zirkus mit der Viecherei jetzt zu bunt. Hilflos verdreht sie die Augen in Richtung Erich. Florian nimmt jene stummen Gesten seiner Eltern nicht zur Kenntnis. „Also die Super-Nachricht ist nämlich die", sprudelt er weiter: „Diese beiden tollen Jagdhunde kriegen nämlich Junge. Und wißt ihr, was ich gemacht habe ...?", fragt er verheißungsvoll seine Eltern.

„Nein", sagt Anna mit zittriger Stimme.

„Na, ganz klar, ich hab mir eins bestellt."

Erich rutscht das Brotmesser aus der Hand. Er sieht jetzt wirklich aus wie ein Nashorn kurz vor dem Angriff, dann fällt er matt in den Stuhl zurück und sagt mit leiser Stimme: „Ich glaube, mein Schwein pfeift."

# Vorbild mit kleinen Fehlern

## Von der Not, Klassensprecher zu sein

Irgendwie träumt doch jeder in seiner Schulzeit mal davon, Klassensprecherin oder Klassensprecher zu sein. Gewählt werden von der Mehrheit der Klassenkameraden, so richtig auserwählt sein, das ehrt. Doch ganz so einfach ist so ein Job auch wieder nicht. Da kann man an Beliebtheit schnell verlieren, weil man es jetzt plötzlich allen recht machen soll und dabei auch immer noch eine eigene Meinung vertreten muß. Das erfordert schon ein bißchen Mut, und es ist ja auch kein Zufall, daß oft diejenigen, die „die größte Klappe" haben, die meisten Stimmen bekommen. Immerhin gibt es da manches Sträußchen mit dem häufig „sehr uneinsichtigen Lehrkörper" auszufechten – aber auch innerhalb der Klasse bleibt eine Klassensprecherin oder ein Klassensprecher von Kämpfen nicht verschont. Richtig fertigmachen kann man Klassensprecher mit der Unterstellung, sie seien im Grunde nur miese Streber, doch das muß wirklich nicht immer stimmen.

So ein Klassensprecher, der braucht die Unterstützung seiner Schulkameraden. Denn letzten Endes tut er doch nichts anderes als das, was die Klasse gemeinsam diskutiert und beschlossen hat, den Lehrern oder der Schülermitverwaltung vorzutragen. Die Macht liegt in den Händen aller und nicht in der Hand eines einzigen Schülers. Wenn der Job des Klassensprechers so begriffen wird, dann hat er sogar die große Chance, innerhalb der Schule einiges zu verändern.

## Im Zweifel für den Angeklagten

Holger knallt die Büchertasche in die Ecke und verschwindet in sein Zimmer. Zwei Stunden läßt er sich nicht blicken, und als die Mutter ihn zum Essen ruft, hört sie nur ein mürrisches „laß' mich in Ruhe". Am Nachmittag kommt Holger mit dick verheulten Augen in die Küche, seine Lippe blutet immer noch ein bißchen.

„Was ist denn mit dir los?" fragt die Mutter erschrocken. „Schlägerei", muffelt Holger, nicht bereit, noch weitere Erklärungen abzugeben. „In deinem Alter prügelst du dich noch?" sagt die Mutter vorwurfsvoll, „ ... Holger, du als Klassensprecher ..." Und bei diesem Wort flippt Holger aus: „Laß' mich in Frieden, ich kann's nicht mehr hören!" brüllt er, knallt die Türen zu und verschwindet nun endgültig für den Rest des Tages in seinem Zimmer.

Dort sitzt er nun und grübelt dumpf vor sich hin. „Klassensprecher", murmelt er bitter, freiwillig hätte er sich für diesen undankbaren Job sowieso nie gemeldet. Zugegeben: ein bißchen geschmeichelt hat es ihm schon, als Dreiviertel der Klasse inklusive der Mädchen bei der Wahl des Klassensprechers ihm erwartungsvolle Blicke zuwarf und dann in streng geheimer Wahl seinen Namen auf den kleinen Zettel schrieb. Von 32 Schülern hatten ihn 24 gewählt. Natürlich quälte ihn ein wenig, daß da acht in seiner Klasse waren, die ihn nicht wollten, aber „man kann nicht von allen geliebt werden", tröstete ihn damals die Mutter, und die Klassenlehrerin schenkte Holger sogar ein Buch für dessen „überwältigenden Erfolg". „Du bist genau der Richtige", hatte sie gesagt. „Du bist ein guter Schüler, du bist ein guter Klassenkamerad, du kannst Ungerechtigkeiten nicht leiden und hast gewiß auch den Mut, für deine Mitschüler vor dem Lehrerkollegium den Mund aufzumachen."

Solche Lobeshymnen waren für Holger soviel wie drei Tapferkeitsmedaillen seiner ehemaligen Raubritterbande auf einen Schlag. Ein paar Tage noch schwelgte er in dem Gefühl, daß er ein „unheimlich starker Typ" ist – und dann kam die rauhe Wirklichkeit. Britta, die Angebetete von Jonas, der wiederum Holgers bester Freund war, wechselte von heute auf morgen ihre Meinung. Plötzlich fand sie Jonas ziemlich blöd und sah nur noch Sterne, wenn sich ihre Blicke mit denen von Holger trafen.

Für Jonas war das ein Riesenhammer, und als der Sommer kam, holte er Holger nicht mehr ins Schwimmbad ab. „Das ist in dem Alter ganz normal", spielte die Mutter das Problem herunter.

Dann ging der Zoff in der Schule los. Der Mathelehrer lispelte und war auch sonst nicht „Big Mac", für die Jungs auf jeden Fall ein gefundenes Fressen. „Dem hauen wir eine rein", sagten sich die in der „Clique", „der hat es nicht anders verdient: bei den Schulaufgaben, die er uns aufgibt, versaut er uns sowieso nur den ganzen Nachmittag."

So beschloß die „Clique", die einen ziemlich großen Einfluß auf die Klasse ausübte, eine Woche lang Hausaufgabenstreik; bei der nächsten Mathearbeit sollten alle ein leeres Blatt abgeben, und ab sofort sollte in der Mathestunde das „S" gelispelt werden. Holger erfuhr davon, als es zu spät war. Der Mathelehrer stand mit hochrotem Kopf an der Tafel und wollte sich seine Verzweiflung nicht anmerken lassen. Er war eigentlich ein netter Kerl, und Holger fand das alles eine „Riesenschweinerei". „Immer auf die Schwächsten", fluchte Holger in der Hofpause, und die anderen gröhlten: „Streber, willst dich wohl Liebkind beim Lehrerkollegium machen, so einer bist du also ...!"

„Holger, du mit deinem Gerechtigkeitssinn bist genau der Richtige", hämmerten ihm jetzt wieder die Worte der Klassenlehrerin im Kopf, „Holger, tu was ...!"

In der nächsten Mathestunde stand Holger ohne Vorankündigung auf, trat vor die Klasse und entschuldigte sich beim Mathelehrer. Er bedankte sich im Namen seiner

Mitschüler, daß er die Klasse nicht beim Direktor verpfiffen habe. Ein paar rote Köpfe schauten verlegen zu Boden. „Feiglinge", sagte Holger später, „bei dem Englischlehrer, der wirklich ein scharfer Hund ist, würdet ihr euch sowas nicht trauen." „Der kommt auch noch dran", protzten die anderen, und so passierte es auch bald, anders jedoch, als sich die Schüler diese Abreibung ausgemalt hatten.

Es geschah während einer Klassenarbeit. Anna heulte schon auf dem Schulweg. Nichts fürchtete sie so sehr wie Englisch und den dazugehörigen Lehrer. Der wußte das. Mit Argusaugen beobachtete er Anna, damit sie auch nicht einen einzigen schrägen Blick auf das Nachbarheft werfen konnte. Plötzlich mußte Anna niesen. Sie hielt sich die Hände vors Gesicht, und der Lehrer sagte tonlos: „Anna, bring dein Heft nach vorne – sechs!" Annas Tränen flossen in Sturzbächen: „Warum denn, ich habe doch gar nichts getan?" Gerade auf diese Arbeit hatte sie sich so gut vorbereitet, weil von der Englischnote ihre Versetzung abhing. „Keine Diskussion, sechs, du kannst nach Hause gehen." – Die Klasse war wie gelähmt. Am Nachmittag, als Anna sich von dem Schock erholt hatte, rief sie Holger an. „Das darfst du nicht geschehen lassen, du mußt mir helfen."

Einen Tag nach diesem Drama in der Englisch-Stunde bat Holger offiziell als Klassensprecher den Englischlehrer um ein Gespräch. Der grinste wie der Riese Goliath auf den kleinen David herunter: „Worum geht's denn?" „Das wissen sie doch genau", dachte Holger, und mit wütend verkniffenem Gesicht sagte er: „Um Annas Englischarbeit". „Der Fall ist erledigt", antwortete der Lehrer kühl. „Nicht für uns", erwiderte Holger mutig. „Aber für mich", herrschte ihn der Lehrer an und wies ihm die Tür. Draußen stand Anna schon wieder mit Tränen in den Augen.

Jetzt mußte Holger erst einmal die Klasse zusammentrommeln und eine Strategie erarbeiten. „Ganz klar", beschloß die Klasse, „du mußt ins Lehrerzimmer." Für Hol-

ger war dies eine so ähnlich schreckliche Vorstellung wie der Weg eines zum Tode Verurteilten auf die Tribüne zum Galgen.

„Und du hast gewiß auch den Mut, für deine Mitschüler vor dem Lehrerkollegium den Mund aufzumachen", hämmerten ihm jetzt wieder die Worte der Klassenlehrerin im Kopf. „Holger, tu was ...!"

Er meldete sich beim Direx an, der gab ihm einen offiziellen Termin. Nachmittags um drei fand das Tribunal statt.

Der Englischlehrer bestand darauf, daß Annas Niesen eine Show war, weil sie sich die Vokabeln auf die Hand notiert habe. „Haben Sie das überprüft?" fragte die Klassenlehrerin nach. „Das war nicht nötig", befand der Englisch-Kollege überheblich. „So fehlt Ihnen also jeder Beweis", kam es Holger plötzlich triumphierend über die Lippen, „es könnte also sein, daß Anna zu Unrecht bestraft wurde?"

Im Zweifel für den Angeklagten, entschied der Direktor, die Englischarbeit muß wiederholt werden. „Holger, du bist der Größte", jubelte die Klasse, und seitdem ging Holger mit einer viel größeren Portion Selbstbewußtsein in die Versammlungen der Schülermitverwaltung. Dort war er nämlich immer nur der Kleinste, und seine „Kollegen" aus der Oberstufe erteilten ihm großzügig „väterliche" Ratschläge.

Warum also will Holger trotz alledem nicht mehr Klassensprecher bleiben? Was ist passiert an dem Tag, als seine Lippe blutete? Die Antwort ist einfach und für Holger von höchster Peinlichkeit. Vor ein paar Wochen nämlich hat er sich auf einem Geburtstagsfest verliebt, endgültig in Kathrin. Seitdem sitzt er im Unterricht und malt bunte „K" mit Kringel in seine Hefte. An jenem bewußten Tag also brach Holgers Welt in der Bio-Stunde zusammen. Ausgerechnet er sollte vor der Klasse an die Tafel treten und die Funktion des Herzens erklären, das überforderte seinen Kreislauf.

„Setzen", sagte die Biolehrerin, „ich bin sehr enttäuscht von Dir, Du als Klassensprecher solltest wirklich ein Vorbild sein ..."

„Nein", schrie alles in Holger auf, „ich bin doch kein Roboter! Was muß denn so ein Klassensprecher noch alles können ...?"

Auf dem Heimweg überreichten ihm dann ein paar Jungs grinsend einen Zettel mit der Bemerkung: „So verhält sich die Sache mit dem Herzen." Auf dem Zettel war ein Herz gemalt, drinnen mit einem dicken „K" und einem dicken „H" und einem noch viel dickeren Pfeil. Da platzte Holger der Kragen. Er ballte die Faust und schlug zu.

„Denen werd' ich's zeigen", brummte Holger abends im Bett, „ich mach' jetzt nicht die Mücke. Bis zum nächsten Schuljahr bleibe ich Klassensprecher – es sei denn, da passiert noch ein viel dickeres Ei."

P.S.: Anna schrieb übrigens in der Englischarbeit eine drei minus, ihre Versetzung ist somit nicht mehr gefährdet.

# Nette Menschen gibt es überall

## Ein Schulwechsel – das Ende einer Freundschaft?

Die Sommerferien sind zu Ende, wieder Schule. Für viele bedeutet die Versetzung in eine andere Klasse zugleich die Versetzung in eine neue Schule. Vor den Ferien hieß es Abschied nehmen, von einer Schule, die hin und wieder sicher fürchterlich genervt hat, aber im Laufe der Jahre können Kinder sich daran ganz gut gewöhnen. Abschiednehmen von den Lehrerinnen und Lehrern, die man gemocht hat – oder auch nicht. Zumindest waren sie einem vertraut, man kannte ihre Stärken und sicher auch ihre schwachen Seiten.

Am schmerzlichsten war vielleicht der Abschied von den Klassenfreunden. Nicht jeder Junge und jedes Mädchen, mit dem man in der Schule so manchen Krach, aber auch manches Abenteuer gemeinsam ausgestanden hat, kommen mit in die neue Schule. Einige gehen jetzt zum Gymnasium, einige zur Realschule und einige zur Hauptschule. Ein Stück Vertrautheit geht mit dem Schulwechsel verloren, und das Neue, was da wartet, liegt noch wie ein unerforschter Kontinent vor einem. Manche Kinder konnten es vielleicht gar nicht abwarten, bis die Schule wieder losging, manche haben sicher dem ersten Schultag mit Angst entgegengezittert. Eine neue Schule ist ein neuer Schritt ins Leben, eine neue Herausforderung, und nicht jedes Kind kann sich da so abenteuerlustig hineinstürzen wie Hans Dampf in allen Gassen.

In unserer Geschichte werden wir sehen, wie es Martina vor dem Schulwechsel ergangen ist und wieviel anders Silke diesen Schritt verkraftet. So ist das nun mal, und leider kann einem niemand das Problem abnehmen. Wir können uns nur damit trösten, daß es an jeder Schule nette Lehrerinnen und Lehrer gibt, und auch ganz „doofe". So wird es auch mit den neuen Klassenkameraden sein: Auch da werden wir welche finden, mit denen wir Freundschaft schließen können, und andere, mit denen wir nichts zu tun haben wollen. Und noch eines: Alte Freundinnen und Freunde, die jetzt auf eine andere Schule gehen, sind ja nicht auf einem fernen Planeten, besuchen kann man sich ja auch immer noch nach der Schule.

## Ein Brief von Silke

Was ist bloß mit Martina los? Die Ferien mit ihr waren ein Greuel. Nichts, wirklich gar nichts, konnte sie erfreuen. Alles fand sie blöd und langweilig, und das in Italien, wo Martina nun schon zum fünften Male ihre Ferien verbrachte, auf einer Insel, von der sie immer schwärmte, es wäre der schönste Platz der Welt. Auf diesem paradiesischen Fleckchen saß sie nun und maulte, als hätten ihre Eltern sie auf eine Müllkippe verfrachtet.

„Schon wieder Sonne", muffelte sie bereits beim Frühstück. Den ganzen Tag am Strand mit Franca und Gino, die sich so wahnsinnig auf Martina aus Deutschland gefreut hatten, und immer die verrücktesten Ideen in die Tat umsetzten, „ ... wie langweilig", stöhnte Martina. „Klettern wir auf die Felsen über dem Meer", wollte sie der Vater aufmuntern. „Nö, da macht man sich ja bloß die Füße kaputt".

Nichts schmeckte ihr, noch nicht einmal die Spaghetti. „Sonderbar", dachte die Mutter und legte ihre Stirn in Sorgenfalten. „Naja", wiegelte der Vater unwirsch ab, „mit elf, da sind die Mädchen einfach zickig. Das nächste Mal fahren wir ohne sie in Urlaub."

„Gemeinheit," murmelte Martina, knallte das Brötchen auf den Teller und verschwand in ihr Zimmer. Dort vergoß sie ein Meer von Tränen. „Mindestens einen Liter habe ich geweint," so schrieb sie eine Stunde später an Silke in Frankfurt. „Endlich sind meine ollen Eltern alleine an den Strand gegangen, sie gehen mir so furchtbar auf die Nerven. Hier in Italien ist der Himmel immer blau, aber mein Leben ist duster. Liebe Silke, wie gerne wäre ich bei Dir in Frankfurt geblieben, da hätten wir noch ein paar Wochen ganz für uns gehabt. Schreib mir bald ... Deine Martina."

In ziemlich hoffnungsloser Stimmung brachte Martina den Brief zur Post, anschließend ging sie schweren Schrittes den Berg hinauf ins Hotel. Sie schloß sich in ihr Zimmer ein, zog die Vorhänge zu, damit nun wirklich auch kein einziger Sonnenstrahl sie erreichen konnte, warf sich auf ihr Bett und las ein Mickey-Mouse-Heft. „Anstatt dir immer nur diese dämlichen Comics reinzuziehen, solltest du mal ein anständiges Buch lesen," mahnte sie abends der Vater schulmeisterlich, „immerhin gehst du nach den Ferien ins Gymnasium."

„Ich will nicht ins Gymnasium, und ich gehe nicht ins Gymnasium, basta," antwortete Martina mit fester Stimme und erwartete ein fürchterliches Donnerwetter, was prompt eintraf. „Wenn du jetzt schon so redest, dann wird nie was aus dir ...!" Martina stellte ihre Ohren auf Durchzug. „Heute abend tritt auf der Piazza ein Feuerschlucker auf, wollen wir hingehen?" lenkte die Mutter hastig ein. Martina: „Ihr könnt ja gehen, ich habe keine Lust."

„Schon wieder Sonne," muffelte Martina am nächsten Morgen und zog sich einen riesigen Strohhut über die Nase. „Heute mache ich keinen Schritt vor die Tür. Bringt mir ein Comic mit, wenn Ihr einkaufen geht," sagte sie flapsig und verursachte bei ihren Eltern einen Wutausbruch.

„Liebe Silke", schrieb sie später auf ihrem Zimmer, „heute habe ich nur einen halben Liter Tränen vergossen, und gestern abend habe ich es ihnen endlich gesagt: Ich will nicht aufs Gymnasium. Warum kann ich nicht mit dir zur Realschule gehen? Vier Jahre schließlich gehen wir schon zusammen in die Schule, ich habe nachgerechnet, das ist fast unser halbes Leben. Weißt du noch, Silke, wie wir den Jonas verprügelt haben, weil er im Sport unsere Schuhe mit Wasser hat vollaufen lassen? Was soll ich denn machen, wenn die doofen Jungens mich ärgern? Der Jonas kommt wahrscheinlich in meine Klasse im Gymnasium. Und dann die Britta, so ein Brechmittel! Wie die mich immer ausgelacht hat, wenn ich die selbstgestrickten Pullover von meiner Mutter anhatte. Du warst die einzige, die zu mir gehalten hat, nein, ich gehe nicht aufs Gymnasium ..." An

dieser Stelle beendet Martina ihren Brief und vergoß abermals ein Meer von Tränen.
Gino und Franca kamen vorbei mit Schwimmflossen und Taucherbrillen. Sie zogen Martina an Händen und Füßen aus dem Zimmer und stupsten sie wie einen störrischen Esel den Weg hinunter bis zum Strand. Gino stellte sie auf den Kopf und wackelte mit den Ohren, doch Martina verzog keine Miene. „Dir ist nicht zu helfen", rief Gino und stürzte mit einem Hechtsprung in die Wellen.

Franca schaute Martina aus ihren großen braunen Augen fragend an. „Ich habe Angst", flüsterte Martina. „Ich soll in eine neue Schule mit lauter fremden Kindern, und die Lehrer kenne ich auch alle nicht. Und Silke, meine beste Freundin, kommt nicht mit. Wir haben immer nebeneinander gesessen und jeden Nachmittag zusammen gespielt." Und dann verriet Martina ihren Plan: „Wenn ich in der neuen Schule den Mund nicht aufmache und jede Klassenarbeit verhaue, dann müssen mich meine Eltern doch wieder runternehmen, ja, und dann gehe ich zu Silke in die Klasse, und wir sitzen wieder nebeneinander und alles wird wie es immer war." Franca schwieg. Irgendwie fand sie den Plan von Martina nicht so gut, aber warum, das konnte sie auch nicht genau sagen.

Am Abend waren die Eltern bester Laune. Endlich hatte sich ihr Töchterlein mal wieder in die Sonne und ans Meer begeben. „Ach so", sagte die Mutter plötzlich und kramte in ihrer Handtasche, „ich habe ja ganz vergessen, dir deine Post zu geben." Ein Brief von Silke! Martina flog geradezu in ihr Zimmer, und beinahe hätte sie vor lauter Aufregung nicht nur den Umschlag, sondern den ganzen Brief zerrissen: „Liebe Martina, hoffentlich hast Du schöne Ferien in Italien. Ich habe von Dir bis jetzt noch keinen Brief bekommen, vielleicht morgen. Hier in Frankfurt ist es super. Ich bin den ganzen Tag im Schwimmbad oder auf der Rollschuhbahn. Mit Anna, Eva und Mike. Die kennst Du nicht, die sind echt nett. Anna geht auch mit mir in die Realschule. Ich bin schon furchtbar neugierig auf die neue Schule und hoffe, daß die Lehrer nicht so doof sind wie der alte ‚Knödel', du weißt schon, wen ich meine. Anna und ich wollen nebeneinander sitzen, und sie sagt, daß sie noch ein paar nette Mädchen kennt. Mit denen machen wir dann eine Clique auf. Der Rest der Klasse (vor allem die Jungens, hihihi ...) muß wohl ziemlich beklopft sein. Annas Schwester geht übrigens in Deine neue Schule. Sie hat erzählt, daß auf dem Schulhof eine Tischtennisplatte steht, und die Lehrer machen tolle Klassenfahrten mit Euch. So, jetzt muß ich schnell aufs Fahrrad, die anderen warten schon.

P.S.: Wenn Du wieder in Frankfurt bist, dann können wir ja wenigstens nachmittags nach der Schule was zusammen machen. Ich freue mich schon sehr auf Dich, Deine Silke."

Martina war platt. In Windeseile zählte sie zusammen, daß sie mindestens dreieinhalb Liter Tränen vergossen hatte. Und Silke freute sich auf die neue Schule!

„He, Martina", rief Franca in gebrochenem Deutsch, „wir fahren mit meinem Opa und dem Fischkutter auf eine Insel, kommst du mit?" „Klar", brüllte Martina zurück, „ich hole nur noch meinen Badeanzug."

„Aber Martina", jammerte die Mutter, „wir wollten doch heute abend nach Porto fahren ...?"

„Keine Lust", rief sie aus weiter Ferne und verschwand wie ein Punkt in der Landschaft.

# Lollis in der Schublade

## Geizhälse sind nicht beliebt

Manchmal ist die Welt verrückt. Da gibt es Menschen, die geben alles her, die kann man ausziehen „bis aufs letzte Hemd", wie es im Volksmund heißt, und dann gibt es Leute, die rücken aber auch keinen Krümel raus. Die heißen dann Geizhälse, Geizkragen, Geizknöpfe usw.

Beide Verhaltensweisen sind sicher nicht der wahre Jakob. Die einen, die alles hergeben, wollen sich oft Liebe und Freundschaft erkaufen, die anderen, die gar nichts hergeben, verscherzen sich die Liebe und Freundschaft, und sie denken meist, daß sie sowieso keiner mag, ihnen sowieso keiner was abgibt, und deshalb müßten sie so eifersüchtig über ihre großen und allerkleinsten Besitztümer wachen.

Ursachen für Geiz gibt es viele. Da gibt es Leute, die nennt man „die ewig Zukurzgekommenen", weil sie denken, daß von den vielen Millionen Menschen auf dieser Welt ausgerechnet sie total benachteiligt sind. Und denen passieren dann so seltsame Geschichten wie unserem Jens. Eines ist natürlich klar: Geizhälse haben es im Leben nicht leicht; denn weil sie nicht bereit sind, anderen etwas abzugeben, sind die anderen oft nicht bereit, mit ihnen zu teilen. Am Ende ist es dann tatsächlich oft so, daß keiner sie mag und niemand ihnen etwas abgeben will. So schließt sich ein verhängnisvoller Kreis. Ziemlich blöde.

## Nein, ich geb' dir nix

Kürzlich ist Maja total ausgeflippt. Sowas hatten die Eltern noch nie erlebt. Und auch Jens, ihr Bruder, war sprachlos. Klar, Maja war schon immer ein bißchen kiebig und konnte ganz schön eklig sein. Aber Jens ist auch kein Heiliger ...!

Was war passiert? Zwei Wochen ist es her, da hatte Jens Geburtstag. Und, wie üblich an solchen Tagen, kamen Freunde, die Großeltern und die Nachbarn von gegenüber. Die Mutter hatte das Wohnzimmer geschmückt mit bunten Girlanden und Luftballons. Alles war fertig, auf dem Kuchen warteten zwölf Kerzen aufs Anzünden. Da machte es plötzlich in der guten Stube peng, peng, peng!! Und das genau zwölfmal. Die Mutter stürzte durch den Flur, riß die Tür auf und was sah sie? In der Ecke stand Maja mit einer Nadel in der Hand, und die roten, gelben, grünen und blauen Luftballons hingen wie abgerissene Fetzen müde und traurig über den Kakaotassen. Damit nicht genug. Maja hatte mit energischem Ritsche-Ratsche-Ritsche-Ratsche die Girlanden in hundert klägliche Schnipsel geteilt. Das dickste Ei jedoch hatte sie sich auf Jens' Gabentisch geleistet: schwarze Tintenkleckse überall. Dabei wußte sie doch genau, daß zum Beispiel in einem der weißen Seidenpapierpäckchen ein hellgelber Pullover für Jens verpackt war.

Die Mutter war einem Ohnmachtsanfall nahe, und Maja stand da, mitten drin in diesem Trümmerfeld mit knallroten Wangen und zusammengepreßten Lippen, bebend vor Wut wie Rumpelstilzchen, das gleich – nach einem kräftigen Fußtritt – in der Erde versinken würde. Die Mutter schrie. Maja kniff die Augen zusammen. Jens stürzte zur Tür herein. Ein paar Sekunden war er wie versteinert, und dann heulte er hemmungslos. „Heulsuse“, zischte Maja und verzog keine Miene.

„Warum hat du das getan", schrie Jens fassungslos, „mein Geburtstag, nun ist alles hin ...!" – Der Vater stand mittlerweile auch vor dem Malheur. Er war sprachlos.

„Das stinkt mir hier", murmelte Maja, und dabei hatte sie eine Stimme so tonlos wie ein Roboter. „Was stinkt dir?" fragte die Mutter, die glücklicherweise wieder Blut in ihren Adern spürte. „Na dieses ganze Theater um diesen Idioten", nuschelte Maja und schüttelte abfällig ihren blonden Lokkenkopf in Richtung großer Bruder.

„Aber Maja", empörte sich nun die Mutter ganz fürchterlich (ein Zeichen, daß sie wieder bei Kräften war), „Jens hat heute immerhin Geburtstag."

„Stimmt", sagte Maja verblüffend einsichtig und grinste triumphierend den schluchzenden Bruder an. „Aber das hier hat er nicht verdient, der alte Geizhals."

„Das ist doch die Höhe ... " schimpfte jetzt auch der Vater, und nun ergoß sich über Maja ein Schwall von Vorwürfen, Schimpfworten, Warnungen und Strafandrohungen.

Maja stand da wie ein Fels in der Brandung. Die Familie redete auf sie ein, und manchmal, wenn ihr das ganze Palaver zu laut wurde, preßte sie bockig die Lippen zusammen und starrte völlig unbeteiligt aus dem Fenster. Jens ballte die Fäuste und als Maja auf den verwüsteten Gabentisch blickte, ihr vollendetes Meisterwerk, da huschte ein Lächeln über das Sommersprossengesicht. Wie hatte sie gelitten unter diesem Scheusal von Bruder, all die Jahre. Und mit zunehmendem Alter wurde er immer schlimmer. Er mußte ganz einfach eine Abreibung bekommen.

Jawohl, Jens ist das, was man einen Geizhals nennt. „Nein, ich geb' dir nix", wie oft in ihrem Leben hatte Maja diesen Satz von Jens schon hören müssen. Als Jens sechs Jahre alt war, verlangte er von seinen Eltern sogar eine kleine Kommode mit Schlüssel, dort versteckt er bis heute noch seine Süßigkeiten und Comics. Und einmal haben ihm seine Klassenkameraden ein blaues Auge geschlagen, weil er sei-

nem besten Freund noch nicht einmal einen Bleistift leihen wollte. Als der in der Pause sein Brot in den Dreck fallen ließ, sagte Jens nur „schade", und biß mit Genuß in seine Banane. Maja könnte Bände erzählen über ihren geizigen Bruder.

Neulich hat er sich die größte Frechheit geleistet: Da kam Onkel Eberhard aus der Schweiz und hatte für jedes Kind eine riesige Luftschokolade mitgebracht. Abends, als Maja im Bett lag, schlich sich Jens in ihr Zimmer, vergoß ein paar

Krokodilstränen und sagte: seine Schokolade wäre ihm auf dem Fensterbrett in der Sonne geschmolzen. Maja schmolz in diesem Augenblick das Herz und sie teilte ihre Schweizer Luftschokolade ganz schwesterlich in zwei gleiche Teile, wobei sich Jens auch noch erdreistete, Maja zu unterstellen, sie hätte sich die größere Hälfte unter den Nagel gerissen. Das muß man sich mal vorstellen. Majas eigene Schokolade ...! Naja, Jens verduftete dann aus Majas Zimmer und verschmauste mit Genuß die Schokolade.

Drei Tage später passierte ihm dann der verhängnisvolle Fehler. Er ließ ganz unbedacht den Schlüssel von seiner Kommode, den er sonst stets an einem Lederband um den Hals trug, im Badezimmer liegen. Da juckte es Maja in den Fingern. Heimlich, wie ein Dieb, schlich sie sich in Jens' Zimmer und steckte mit zittrigen Fingern den kleinen Schlüssel in das Schlüsselloch, und was Maja dann alles zu sehen bekam, das ließ eben jenen teuflischen Geburtstagsplan in ihr gedeihen. Da lagen in der Kommode Pakete von verschimmelten Gummibärchen und verklebten Lollis.

Dieser olle Geizhals! Jetzt hatte keiner mehr was von dem Zeug. Ganz oben drauf lag Onkel Eberhards Schweizer Luftschokolade. Ungeöffnet! Und auch kein bißchen geschmolzen! Von diesem Augenblick an sagte die Mutter des öfteren besorgt zu ihrer Tochter: „Maja, du guckst schon wieder so düster ...?" Denn es gab Momente, da brütete Maja nur noch dumpf vor sich hin. Rache hatte sie sich geschworen. Ewige Rache. Und ein geheimnisvolles Lächeln huschte über ihr Gesicht, denn sie wußte: Jens' Geburtstag ist nicht mehr fern.

# Wie eine leise Musik im Hintergrund

## Brieffreundschaften sind etwas Besonderes

„Schreib mal der Oma, daß du dich über das Geburtstagsgeschenk gefreut hast," mahnt die Mutter. „Schreib mal dem Onkel August, der wird morgen Fünfundsechzig ..." – „hier, schreib auch mal ein paar Zeilen auf die Urlaubskarte ..." Oh Mann, ist das ätzend, Briefeschreiben ist wirklich das Letzte. Erstens: was soll man schon auf so einem Fetzen Papier von sich geben? Zweitens: in der Schule muß schon genug geschrieben werden, die Finger sind sowieso schon ganz krumm. – Ja, manchmal ist Briefeschreiben eine lästige Pflicht, Briefverkehr, nennt man das, und der hat seine Regeln: Immer schön bitte und danke sagen, wie geht's, wie ist das Wetter bei Euch, hoffentlich seid Ihr alle gesund ... Und wenn dann einer nicht mehr antwortet, freut sich die ganze Familie, diese Pflicht ist man endlich auch los. Und überhaupt: Wozu Briefeschreiben, es gibt doch Telefon?

Nein: Briefeschreiben ist etwas Wunderbares, wenn es freiwillig geschieht. Das ist eine ganz besondere Art des Zwiegesprächs – modern heißt das Kommunikation. Es gibt Brieffreundschaften, die halten ein Leben lang. Richtige Bücher wurden schon von Briefen gemacht, die sich zwei Menschen über viele Jahre hinweg geschrieben haben. Brieffreundschaften erfordern den Mut, ohne das Gesicht seines Gegenübers zu sehen, offen über seine persönlichen Gedanken und Gefühle zu sprechen, und sie erfordern Vertrauen, daß die Worte beim andern auch wirklich ankommen. Brieffreundschaften sind etwas für freie Menschen, ja, das klingt jetzt hochgestochen. Aber das ist nur was für Leute, die es auch mal vertragen können, wenn ein paar Wochen oder Monate Funkstille ist, und trotzdem leben sie in der Gewißheit, daß da jemand ist, der sich bald wieder melden wird. Das sind Freundschaften ohne (Zeit-)Druck, niemand muß sich vor dem andern rechtfertigen oder entschuldigen. Und echte Brieffreundschaften sind etwas für Menschen, die nicht so viele Worte um alles machen, die nicht so viel „labern" oder zerreden, die mit wenigen Worten viel sagen können. Brieffreundschaften sind etwas für Geduldige. Das Schöne am Briefeschreiben ist nämlich das Warten, das Hoffen auf eine Antwort, die sicherlich irgendwann kommt. Und zu guter Letzt, so komisch es klingen mag: Das Besondere einer Brieffreundschaft ist das Liegenlassen, die geschenkte Zeit. Denn kein Brief (außer die Geschäftspost) verlangt sofortige Antwort. Die Gedanken dürfen sich erst einmal ausruhen und werden reif durch „Liegenlassen". Brieffreundschaften sind etwas für Menschen, die Freundschaft haben wollen und pflegen können. Zur Freundschaft gehört Zeit, und die nimmt sich ein Brieffreund für den anderen. Da schrieb einer: „Ich sitze hier bei einem guten Gläschen Wein und werde den Abend mit Dir verbringen, indem ich Dir schreibe ..." Und zu allerletzt: Brieffreundschaft ist wie eine leise Musik im Hintergrund; das Gefühl, daß da jemand ist, der immer wieder an einen denkt, einer, der sich erinnert. Das ist schöner als jedes Telefongespräch, das ist anders als jede „Kommunikation" im Alltag. Briefeschreiben ist wirklich etwas Besonderes.

## Mittwochs passiert es dann

Michael fällt vor Schreck das Frühstücksbrötchen aus der Hand. Und sein Vater, findet der Sohn, guckt wie ein Auto. Eben hat es geklingelt. „Ein Eilbrief für Missis Schmidt," ruft der Postbote. So schnell war die Mutter schon lange nicht mehr an der Tür. Wann bekam sie denn auch schon mal einen Eilbrief? „Es wird doch wohl nichts passiert sein," grübelt der Vater, morgens früh ist er immer besonders pessimistisch. Und dann plötzlich dieser spitze Schrei von „Missis Schmidt". „Oh Mann, das halt' ich im Kopf nicht aus," schreit sie, „Lissi aus Kanada hat mir geschrieben." „Na und," murmelt Michael und kaut lustlos auf seinem Brötchen, „deshalb brauchst du doch nicht gleich auszuflippen."

Lissi aus Kanada ist eine uralte Schulfreundin von Michaels Mutter. Gleich nach dem Abitur ist sie mit ihren Eltern ausgewandert, in Kanada hat sie studiert, geheiratet und drei Kinder bekommen. Seit zwanzig Jahren haben sich die beiden Freundinnen nicht mehr gesehen, und trotzdem wissen die beiden Frauen fast alles voneinander. Die erste große Liebe, die zweite große Liebe, den Liebeskummer, dann die dritte große Liebe, das wurde der Ehemann, dann das erste Kind, das zweite ... und so weiter. Alle Freude und allen Kummer haben sich die Frauen in ihren Briefen mitgeteilt – doch gesehen haben sie sich in diesen Jahren nie. Kanada war einfach viel zu weit weg. „Typisch Frau," meckerte der Vater, wenn Michaels Mutter abends am Küchentisch seitenlange Briefe an Lissi schrieb, Briefe, die er nie lesen durfte. „Das ist unser Geheimnis," sagte seine Frau und schob den Brief schnell unter ein Buch, wenn er neugierig über ihre Schultern blickte. Er haßte diese Heimlichkeiten, und einmal gab er sogar zu, daß er richtig neidisch ist auf diese Freundschaft, die, wie er abfällig bemerkte, „sowieso nur auf dem Papier besteht."

Und nun dieser Eilbrief. Vor lauter Aufregung hätte sie beinahe den Umschlag zerrissen. Ihre Augen fliegen über die Zeilen, da stößt sie schon wieder einen Schrei aus: „Sie hat mich eingeladen! Ich soll nach Kanada kommen. Unsere Kinder, schreibt sie, sind ja nun alt genug, die können wir ruhig mal für sechs Wochen alleine mit den Vätern lassen. Sie will mit mir eine Tour durch Kanada und Amerika machen!" – Das geht zu weit. Michael legt sein Brötchen auf den Teller. Ihm ist der Appetit vergangen. Die beiden Männer, Sohn und Vater, sehen sich stumm an. Sie sind sich in diesem Moment einig. „Ihr könnt euch gerne eure albernen Briefe schreiben," sagt der Vater sichtlich verwirrt, aber sechs Wochen alleine ..." Das geht tatsächlich entschieden zu weit. Er ringt nach Luft, das Machtwort bleibt ihm im Halse stecken. Die Mutter blickt triumphierend in die Runde: „Ihr Männer habt einfach keine Ahnung. Bloß, weil Ihr nicht in der Lage seid, eure Freundschaften zu pflegen, wollt ihr mir die Freude verderben," sagt sie fest und entschlossen. „Über mich habt ihr immer gespottet, aber selber ward ihr zum Briefeschreiben immer zu faul ..." – „Sowas Blödes," mault Michael, „an wen sollen wir schon Briefe schreiben?" – „Denk mal nach," zwinkert die Mutter ihm zu, „ich wüßte da schon ein paar Leute."

Wenn Mutter humorvoll wird, hat sie meistens recht. Kritische Einsichten und Selbsterkenntnisse sind Michael verhaßt. Er ist unschuldig. Natürlich haben er und Matthias sich damals, als Michael in eine andere Stadt ziehen mußte, fest versprochen, immer zu schreiben. Immerhin waren sie sieben Jahre lang die besten Freunde. Aber wie das so ist im Leben, man hat einfach keine Zeit. Schule, Fußball, Schwimmen, naja, und die neuen Freunde, abends Fernsehen und was einem sonst noch alles dazwischenkommt ... Schon zweimal hat er Matthias Geburtstag vergessen, und für das Weihnachtspäckchen im letzten Jahr hat er glatt vergessen, sich zu bedanken ... Der langen Rede kurzer

Sinn: Matthias hat nun auch schon über sechs Monate nichts mehr von sich hören lassen. „Eigentlich eine Sauerei," denkt Michael in einem Anfall von Selbstmitleid, „wenn ich überlege, was wir beide alles gemeinsam erlebt haben ... wirklich eine Sauerei." – aber von wem? Eine unangenehme Frage. Michael wischt sie schleunigst vom Tisch. Und dann die Miriam, seine Freundin aus Kindergartenzeiten. Wie oft hatte sie ihn angerufen und aus den Ferien geschrieben...? „Ach was: Mädchen," rümpft Michael die Nase, „der hab' ich sowieso nichts zu sagen." Wie es ihr wohl jetzt geht auf dem neuen Gymnasium, ob sie immer noch so gerne reitet? Das Letzte, was er von ihr gehört hat, war, daß sie unsterblich in diesen ... na, wie heißt er noch ... verliebt war. Miriam schrieb Michael alles, sie war ihm wie eine Schwester, und Michael sollte ihr erzählen, wie das bei den Jungs so ist. Er wäre der einzige, den sie sich traut zu fragen ... „Soweit kommt's noch", denkt Michael. Ihren letzten Brief hat er in den Papierkorb geworfen.

Diese Lissi aus Kanada ... „Immerhin," tröstet ihn die Mutter, „hast du auch Post. Deine Zeitschrift ist gekommen." Diese blöde Jugendzeitung, die wollte Michael schon längst abbestellen. Ewig diese naturwissenschaftlichen Geschichten. Comics sind seine Leidenschaft. Lustlos blättert er das Heft durch, die letzte Seite mit den Witzen interessiert ihn am meisten. Und dann ist da noch eine Rubrik, die heißt „Briefkasten", für Michael viel Stoff zum Lästern. „Schüler, 12 Jahre, Hobbys: Briefmarken, Klavierspielen, Wandern, sucht Brieffreundschaft." Michael grinst: „Musterschüler, hätte er schreiben sollen." Oder: „Hallo, ich bin 13 Jahre alt, interessiere mich für Popmusik, sammle Mickey Mouse Hefte, spiele Schlagzeug, wohne in Oberbayern und laufe leidenschaftlich gerne Ski." – „Oberbayern," motzt Michael, „hier in Norddeutschland ist mehr los. Die sind doch alle etwas eng im Kopf, wegen der Berge drumherum ..." Aber dann liest er die Anzeige nochmal, und nochmal, und nochmal ... Ja, und was er später tut, das erzählt Michael niemandem.

Eine Woche später bemerkt die Mutter eine seltsame Unruhe bei ihrem Sohn. Wenn der Briefträger kommt, ist er der Erste, der zur Tür rennt. Und sein enttäuschtes Gesicht ist nicht zu übersehen, wenn außer Reklame nichts im Kasten steckt. Mittwochs passiert es dann. Als Michael von der Schule nach Hause kommt, liegt ein Brief für ihn auf seinem Schreibtisch. Ein tolles Gefühl. Hastig öffnet er den Umschlag und liest: „Hallo Michael, von all den Zuschriften, die ich bekommen habe, hat mir Deine am besten gefallen. Was du mir von deinem Fußballverein geschrieben hast, finde ich richtig spannend. Ich habe keine Ahnung vom Fußball, aber Du könntest mir ja vielleicht etwas beibringen. Ich finde es super, daß Du E-Gitarre spielst, die Typen in der Band machen mich richtig an ..." Du lieber Himmel, dann wird es auch noch ganz persönlich. Ob Michael Geschwister hat, will er wissen, was seine Eltern machen, und schließlich, ob er schon eine Freundin habe ... Das geht zu weit. „Ausfragen laß' ich mich nicht," beschließt Michael und zerknüllt den Brief. Nachmittags kramt er den Brief wieder hervor, und was er dann tut, das erzählt er keinem Menschen. Spannend ist ab jetzt jeder Tag. „Hab' ich Post?" ruft er, wenn er von der Schule nach Hause kommt. „Von wem denn ...?" fragt die Mutter. Michael grinst geheimnisvoll. „Hallo Michael, danke für Deinen witzigen Brief. Du, das mit den Mädchen ist so eine Sache, also ich habe da neulich etwas erlebt ... Mach' Dir nichts aus Deinem blöden Mathelehrer, so einer hat mir meine Karriere verdorben, jetzt muß ich die Klasse noch einmal wiederholen ..."

Michaels Leben, ja, das ist eine Tatsache, hat sich seit dieser Brieffreundschaft verändert. Da ist jemand, den er kennt, obwohl er ihn nie gesehen hat, dem er von sich alles, oder besser gesagt: alles, was er will, erzählen kann, einer, der sich wirklich für ihn interessiert. Er fühlt eine Nähe und zugleich einen Abstand. Diese Freundschaft ist anders als die mit seinen Freunden am Ort, sie ist geheimnisvoller und spannender. Neuerdings ruft Michael auch öfter mal wieder Miriam und Matthias an, „Freundschaften muß man pflegen," sagt er weise zu seinen Eltern, die ihn ganz erstaunt angucken.

Heute ist wieder ein Brief gekommen: „Hallo Michael, danke für Dein Foto, Du bist ja ein dufter Typ, erinnerst mich irgendwie an den Blonden aus der Gruppe ‚Bros' ..." Oh Mann, etwas Schöneres hätte er Michael gar nicht schreiben können. Manchmal hält Michael kleine Zwiegespräche mit seinem Brieffreund. Wenn ihn etwas quält oder schrecklich geärgert hat, dann fragt er sich: Was würde er jetzt dazu sagen? Am Anfang haben sie sich viel über Musik unterhalten, über Frisuren, Klamotten und die Schule, allmählich werden die Briefe neugieriger, persönlicher. Michael will wissen, was dieser Typ in Oberbayern unter seiner Frisur im Kopf hat. Und umgekehrt.

Doch plötzlich ist es aus. Funkstille. Kein Brief mehr. Keine Karte. Michael kann es nicht fassen. „Hab' ich was Falsches geschrieben," grübelt er, „vielleicht findet er mich doch ganz doof und hat jetzt einen Neuen, dem er schreibt ..." und dann wird er wütend, „eine Riesensauerei, mich einfach so hängenzulassen, einfach totzuschweigen ... morgen werde ich ihm schreiben, ich will wissen, was los ist!" Am nächsten Tag liegt ein Brief auf Michaels Schreibtisch: „Lieber Michael, sei nicht böse, daß Du so lange nichts von mir gehört hast, ich hatte Zoff zu Hause, vielmehr meine Eltern. Gestern hat mir mein Alter gesagt, daß er auszieht und ich könnte mir überlegen, bei wem ich wohnen will ..."

„Auch das noch," denkt Michael, auf solche Probleme war er nun wirklich nicht vorbereitet. Also darüber kann er sich nicht auch noch den Kopf zerbrechen, fragt der ihn doch glatt: Was würdest Du an meiner Stelle tun? Michael knallt sich auf sein Bett und brummt mürrisch vor sich hin. Am Abend nimmt er Papier und Füllfederhalter und schreibt den längsten Brief seines Lebens, richtig was Philosophisches. Daß er so schlaue Ratschläge von sich geben kann, hätte er von sich selber nie gedacht.

Eines Morgens fällt Michaels Mutter vor Schreck das Frühstücksbrötchen aus der Hand, und der Vater guckt mal wieder – wie immer bei solchen Gelegenheiten – wie ein Auto, „Was machen wir eigentlich dieses Jahr Sylvester?" hatte die Mutter gefragt. Und Michael hatte geantwortet: „Ihr könnt machen, was ihr wollt, ich lerne Skifahren in Oberbayern."

# Starker Tobak

## Was Kinder alles verkraften sollen

Früher, so erzählen die Großeltern, war das so: Da saßen die Kinder mit den Erwachsenen an einem Tisch und hatten zu schweigen. Und wenn den Kindern mal ein Satz über die Lippen rutschte, dann hieß es streng: „Misch dich nicht ein, wenn sich die Großen unterhalten." Ja, und dann war wieder Ruhe. Erst, wenn die Kinder im Bett lagen, besprachen die Eltern alle wichtigen Dinge. Manchmal, so berichten die Großeltern weiter, hätten sie die Ohren gespitzt, denn natürlich waren auch sie neugierig, das ist nun mal eine wesentliche Eigenschaft von Kindern. Neugierig wird man erst recht, wenn man nicht hören darf, was andere erzählen – und wenn man zu nichts, aber auch gar nichts seinen eigenen Senf dazugeben darf. Also toll fanden das die Großeltern auch nicht. „Aber heute …" so stöhnen sie, „dürfen die Kinder ja überall mitreden, und heute kriegen sie alles zu hören. Ob das so richtig ist?"

Ja, die modernen Eltern wollen eben keine Geheimnisse vor ihren Kindern haben. Sie wollen ihre Kinder ernst nehmen und als Gesprächspartner beteiligen. Das hat schon seine Vorteile. Kinder lernen rechtzeitig, sich mit wichtigen Fragen zu beschäftigen. Sie hören die Meinung der Eltern dazu und können – wenn die Eltern ihre Kinder wirklich ernst nehmen – sogar widersprechen. Sie dürfen sich, wie es so schön heißt, ihre eigene Meinung bilden. Aber manchmal schießen die Eltern ein bißchen weit übers Ziel hinaus. Da werden Probleme aufgetischt, die sind schlicht ein „starker Tobak" für die Kinder, und oft wissen die Mädchen und Jungen dazu wenig zu sagen, es fehlt ihnen einfach die Erfahrung und –

ein schreckliches Wort – die Reife. Es gibt zum Beispiel Väter und Mütter, die weinen sich bei ihren Kindern aus, wenn sie Probleme in der Ehe oder Partnerschaft haben, oder sie lassen den Dampf ab, wenn sie sich am Arbeitsplatz wahnsinnig geärgert haben. Für die Kinder ist das manchmal ein Hammer. Was sollen sie dazu schon sagen? Da liegt dann so ein dicker Brocken vor ihnen auf dem Tisch, wie soll man den nur verdauen? Also Psychologen nennen das eine „Überforderung" des Kindes. Natürlich sollen Eltern nicht immer so tun, als wäre die Welt rundherum in bester Ordnung, wenn sie innerlich ganz anders fühlen. Kinder sind schließlich nicht doof. Sie wissen genau, wann ihnen einer was vorspielt. Der goldene Mittelweg wäre hier richtig. Und sie sind einfühlsam, sie riechen es geradezu, wenn es der Mutter oder dem Vater nicht gut geht.

Aber es kommt ja schließlich nicht nur auf die Probleme der Großen an. Kinder haben schließlich auch eine Seele. Deshalb wäre es wichtig, wenn Erwachsene, bevor sie zu reden beginnen, sich erst einmal fragen: Wie könnte es bei meiner Tochter oder meinem Sohn ankommen, wenn ich ihm dieses oder jenes erzähle. Offenheit heißt ja nicht, dem anderen alles schonungslos vor die Nase zu setzen, und dann soll der sehen, wie er damit fertig wird, nach dem Motto: Hauptsache, ich habe mir meine Probleme von der Seele gequatscht. Manchmal nämlich bleiben die Sorgen und Nöte der Erwachsenen auf den Seelen der Kinder liegen – und wer räumt sie dort wieder weg?

Heutzutage wachsen Kinder in eine Welt hinein, in der ganz allgemein viel mehr diskutiert wird als früher. Über private Probleme wird genauso viel und offen geredet wie über Politik. Das ist schon beinahe natürlich. Gibt es überhaupt Eltern, die mal darüber nachgedacht haben, wie ihre Kinder abends um acht die Tagesschau – fünfzehn Minuten gesammeltes Elend aus der ganzen Welt – verkraften. „Das stecken die schon weg," sagen viele – und damit liegen sie ganz schön falsch. Nun soll dies keine Aufforderung sein, wieder die Verhältnisse wie zu Großmutters Zeiten einzuführen. Kinder sollen schon mitreden dürfen, und oft sagen sie ja schlauere Sätze als die Alten. Aber die Großen müssen entscheiden, wieviel sie ihren Kindern zumuten wollen. Daß es im Leben Streit gibt, gar Trennungen, daß die Wälder, Flüsse und Meere, die Welt, in der sie leben und glücklich sein wollen, in Gefahr schwebt, das haben Kinder längst kapiert, und darüber muß man offen reden, aber nicht, um den Horror noch zu vergrößern, sondern, so komisch es klingt, um der Angst (die nicht verheimlicht werden darf) zu begegnen. Denn in jedem Gespräch liegt die große Chance, den Kindern auch die andere Seite der Medaille zu zeigen: daß nicht alles nur schrecklich ist, sondern daß es bei allen Problemen auch noch Grund zu Hoffnung, Mut und Lebensfreude gibt. Doch genau das ist so schwer in Worte zu fassen: Das Ja zum Leben, trotz vieler Umweltbedrohungen, persönlicher Enttäuschungen und Niederlagen. Das ist eine innere Haltung, da können die Eltern so viel reden, wie sie wollen ...

## Euer Gerede macht mir Angst

Kürzlich beim Abendessen hatte Philipp die Nase voll: Wütend nahm er sein Brot und sein Glas Milch und verschwand in sein Zimmer. Die Eltern guckten sich erstaunt an und wußten überhaupt nicht, was in ihren achtjährigen Sprößling gefahren war. Später dann klopften sie vorsichtig an seine Zimmertür, um zu hören, was mit Philipp los war. Doch Philipp konnte nicht sagen, was ihm so plötzlich die Laune verdorben hatte. Richtig unglücklich saß er da auf seinem Bett – und ratlos saßen die Eltern vor ihm. Und dann drückte er ein paar Worte raus: „Euer Gerede", sagte er, „macht mir Angst." „Welches Gerede", fragte seine Mutter. „Na immer redet ihr vom Krieg, von Raketen, von Russen und Amerikanern und von der atomwaffenfreien Zone, die ihr einrichten wollt ..."

Philipps Eltern waren so überrascht, daß sie kein Wort rausbrachten. Seit einiger Zeit arbeiteten sie in einer Friedensgruppe mit, sie engagierten sich für Umweltschutz und die Erhaltung der Natur. Philipp gefällt es auch, daß seine Eltern kritische Menschen sind, die nicht einfach alles mit sich machen lassen wollen.

Doch einen Tag vor seinem „Ausflippen" beim Abendessen sah er im Fernsehen einen Bericht über den sterbenden Wald, und in den Nachrichten hörte er von Verhandlungen über Raketenstationierung und einen Kommentar, daß die Welt immer unsicherer werde. Sein Vater erzählte dann auch noch, daß die Nachbarn eine Hausversammlung einberufen hatten, um Philipps Wohngebiet zu einer atomwaffenfreien Zone zu erklären. Und da hatte Philipp plötzlich die Nase voll.

Jetzt saß er da auf seinem Bett, so richtig mit Weltuntergangsstimmung. Philipp, der so gerne träumt, wie viele andere Kinder auch. Was hat er sich doch alles vorgenommen in seinem Leben, das gerade erst vor acht Jahren

begonnen hatte? Amerika will er sehen, die Indianer kennenlernen, ins Tal des Todes will er reisen, vielleicht per Schiff oder per Flugzeug, wenn er einmal selbst ein Pilot sein wird oder ein Kapitän, vielleicht würde er auch Zimmermann oder Bauer. Mit all seinen Plänen und Ideen im Kopf sieht Philipp seinem Leben wie einem spannenden Abenteuer neugierig entgegen. Und jetzt flogen ihm nur noch diese verdammten Raketen durch den Kopf, die eines Tages seine Pläne, seine Welt und ihn selbst vernichten könnten.

Es gibt diese Raketen, es gibt diese Gefahr, das hatte Philipp ja mittlerweile längst begriffen – aber es gibt auch ihn – und er will leben.

„Verdammte Kiste", fluchte Philipp auf seinem Bett, und hatte plötzlich keine Freude und Hoffnung mehr in sich.

Als Philipps Eltern an diesem Abend das Kinderzimmer verließen, waren sie sehr nachdenklich. Bisher hatten sie – wie viele andere Eltern auch – gedacht, daß es richtig ist,

Philipp an den Aktionen und Gesprächen zu beteiligen, damit er rechtzeitig erfährt, daß diese Welt nicht nur heil und ohne Gefahr ist. Jetzt aber mußt sie von Philipp lernen, daß zu viele Worte über Krieg und Bomben und Raketen in Kinderköpfen anders ankommen als in Erwachsenenköpfen.

Philipp findet es ganz prima, daß seine Eltern – und sogar seine Großeltern und alle anderen Leute, die er kennt – für den Frieden kämpfen. Wenn so viele Menschen dasselbe wollen, denkt er, kann es auch nicht so weit kommen, daß Raketen eines Tages seine Straße zerstören. Dieselbe Hoffnung haben Philipps Eltern auch, sonst würden sie ja erst gar nicht in der Friedensbewegung mitmachen. Wenn Philipp erwachsen ist, will er auch für eine gesündere Umwelt und für den Frieden kämpfen. Doch bis dahin braucht Philipp seine Träume und seine Phantasien, die geben ihm Mut zum Leben.

# Guck mal, wie der guckt!

## Behindert oder nicht behindert – mehr ein Problem für große Leute

Kaum zu glauben, aber diese Geschichte hat sich tatsächlich ereignet. Da wollte eine Lehrerin mit ihrer Klasse ins Schullandheim fahren – und alle Kinder freuten sich riesig. Und nun kommt's: Auf dem Elternabend verkündete die Klassenlehrerin, daß in diesem Schullandheim noch eine andere Schulklasse von einer Behindertenschule ihre Freizeit verbringt. Dabei strahlte die Lehrerin übers ganze Gesicht. Sie hatte sich das alles ganz einfach vorgestellt: Behinderte und nichtbehinderte Kinder könnten sich endlich mal in nächster Nachbarschaft erleben, sie könnten sich gegenseitig kennenlernen und sich sogar gegenseitig helfen. Doch dann platzte die Freizeit im Schullandheim. Die nichtbehinderten Kinder mußten zu Hause bleiben, die Eltern hatten was dagegen. „Nein," sagten sie. „darauf sind unsere Kinder nicht vorbereitet. Stellen Sie sich vor," fragten sie empört die völlig verdatterte Klassenlehrerin, „die Kinder müssen in einem Eßsaal miteinander essen. Die könnten sich ja ekeln beim Anblick der behinderten Kinder. Immerhin schmieren und schlabbern die doch ganz schön rum. Also nichts gegen behinderte Kinder ... aber ...!"

Und da platzte der Lehrerin der Kragen. „Natürlich," brüllte sie die Eltern an, „natürlich haben Sie etwas gegen behinderte Kinder, sonst würden Sie doch nicht solche Dinge sagen ..." – und die Eltern rümpften die Nase und beschlossen, daß wohl die Lehrerin ganz allgemein und überhaupt sowieso nicht in der Lage wäre, alleine mit so einer großen Klasse ins Schullandheim zu fahren –

so wurde das Thema ganz einfach vom Tisch gewischt. Dabei gäbe es dazu noch eine ganze Menge zu sagen. Diese Eltern haben wirklich nichts, aber auch gar nichts begriffen. Wer lernt denn hier von wem? Glauben die etwa immer noch, daß die behinderten Kinder nur von den nichtbehinderten lernen? Da gibt es doch längst interessante Untersuchungen von der sogenannten „integrativen Erziehung", das heißt: Behinderte und Nichtbehinderte in einem Kindergarten oder in einer Schule. Und nun kann man mal staunen, was die sogenannten Gesunden von den sogenannten Kranken gelernt haben: nämlich, daß man trotz einer Behinderung Freude am Leben haben kann, selbst an den allerkleinsten Dingen, an einer Blume, einem Marienkäfer, einem Sonnenstrahl, einem gelungenen Turm aus lauter kleinen Bauklötzchen. Sie haben gelernt, daß es auf Äußerlichkeiten, teure Klamotten, perfektes Aussehen nicht ankommt. Sie haben erfahren, daß Menschen liebenswert sind, auch wenn sie nicht den Vorstellungen von „richtigsein" entsprechen, daß Menschen auch dann Liebe annehmen und geben können, wenn ihnen vielleicht ein Arm fehlt, wenn die Beine gelähmt sind, wenn sie geistig nicht so funktionieren wie die meisten anderen. – Und umgekehrt: Die behinderten Kinder haben bei den nichtbehinderten Kindern erlebt, daß diese vielleicht am ersten Tag ein bißchen erstaunt gucken; aber schon am zweiten, dritten oder vierten Tag sind die behinderten Spielkameraden für sie völlig „normale" Leute gewesen. Vielleicht sind sie nicht so flink wie die anderen Kinder, vielleicht etwas ungeschickter, vielleicht spielte einer Fußball im Rollstuhl, na und??? Irgendwie macht es doch Spaß, mit so einem Rollstuhl mal so richtig um die Ecken zu düsen, und keiner denkt sich was dabei. Behindert oder nichtbehindert, es sieht fast so aus, als wäre dies nur ein Problem für die großen Leute ... oder hätten die Kinder wohl von sich aus etwa auf vier verrückte Tage im Schullandheim verzichtet??

## Eine Idee, die man klauen darf

„Mama, guck mal, wie der guckt", sagte der Junge in der Straßenbahn so laut, daß es alle mithören konnten. Und alle Augen guckten jetzt dorthin, wo die Mutter mit ihrem kleinen Jungen saß, der versonnen aus dem Fenster schaute. Für die Mutter war es schwer, die Blicke der Neugierigen zu ertragen. Ihr Sohn schien die Aufmerksamkeit, die er in der Straßenbahn auf sich lenkte, nicht zu bemerken.

Die andere Mutter verbot ihrem neugierigen Jungen weiterhin so „laut und dumm" zu reden. Vielleicht hat sie später zu Hause ihrem Kind erklärt, daß der Junge in der Straßenbahn ein behindertes Kind war, mongoloid. Vielleicht hat sie ihm auch erklärt, daß viele behinderte Menschen mitten unter uns leben und daß wir oft viel zu wenig von ihnen wissen oder sie nicht beachten, aus Angst, uns mit diesem schweren Schicksal körperlich und geistig Behinderter zu beschäftigen. Denn würden wir uns einmal ernsthaft mit diesem Problem auseinandersetzen, käme uns auch der Gedanke, daß es gar nicht so selbstverständlich ist, daß unser Leben bis ins hohe Alter so glatt verläuft. Daß ein Unfall oder die Geburt eines eigenen behinderten Kindes unser Leben von heute auf morgen verändern könnte. Solche Gedanken zu Ende zu denken macht Angst, und deshalb ziehen es viele Menschen vor, die Behinderten, die mitten unter uns leben, gar nicht erst zu sehen oder so zu tun, als gäbe es sie nicht.

Im Niels Stensen Haus, das ist eine Bildungsstätte in Lilienthal, ungefähr zwanzig Kilometer von der norddeutschen Großstadt Bremen entfernt, gehen da seit dem Jahr des Kindes, das war 1979, einige Jungen und Mädchen einen mutigen Weg. Einmal im Monat, meistens an einem Sonntagnachmittag, kommen dort Kinder, ihre Eltern und Geschwister mit zehn behinderten Kindern aus dem Evangelischen Hospital in Lilienthal zum Kaffee und Spiel

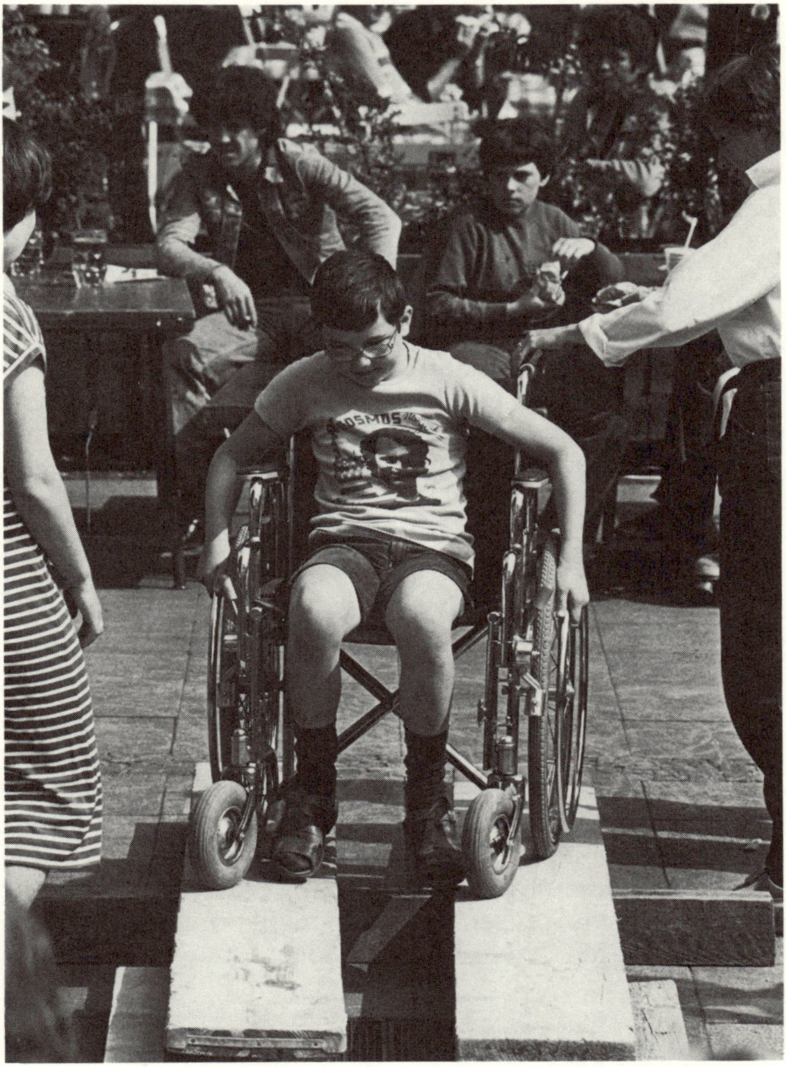

zusammen. Der Betreuer der Behinderten erzählt, daß die Kinder schon Wochen vorher ganz aufgeregt sind und dauernd fragen, wann sie nun endlich ins Niels Stensen Haus dürfen. Wenn es dann so weit ist, wird gemeinsam ein Programm vorbereitet, wie zum Beispiel Theaterspielen oder Geschichten zum Weiterdenken. Bei schwierigen Spielen können vorher Dias angeschaut werden, um die Geschichte anschaulicher zu machen. „Inzwischen", so berichten die Betreuer, „haben die Kinder viel dazugelernt. Sie zeigen ein großes Maß an Wärme und Verständnis." Das Wichtigste an der Begegnung zwischen behinderten und nichtbehinderten Kindern ist das gegenseitige Annehmen und Verstehen.

Wie kam es zu der Idee, ein solche Treffen einzurichten? Denn eigentlich ist jenes Haus nur für Erwachsene gedacht. Doch da kam im Jahr des Kindes eine Mitarbeiterin auf die Idee, in den Zeiten, in denen das Haus leersteht, etwas mit Kindern zu unternehmen. Sie gründete eine Kinderakademie, und fünf Tage lang führten neunundzwanzig Kinder aus der Bundesrepublik und aus Österreich das Regiment im Niels Stensen Haus. An einem Sonntagabend dann haben die Jungen und Mädchen (sie waren zwischen sieben und dreizehn Jahre alt) gemeinsam überlegt, wie der bevorstehende Jahrmarkt gestaltet werden sollte. Dabei nahmen sie sich vor, fünf behinderte Kinder zu überraschen. Sie bestellten eine Fädenzieherbude und eine Wurfbude, veranstalteten eine Modenschau, stellten eine Malwand auf und luden die Kinder zu Kakao und Kuchen ein.

Dieses Beispiel hat den Vorteil, daß es überall, an jedem Ort und in jedem Land verwirklicht werden kann. Und die Kinder im Niels Stensen Haus sind nicht böse, wenn andere Jungen und Mädchen ihnen die Idee „klauen".

# Nebel im Kopf und Teer in der Lunge

## Von einem, der sich das Rauchen angewöhnen wollte

Eigentlich haben wir uns vorgenommen, niemals mit dem erhobenen Zeigefinger zu kommen oder Moralpredigten zu halten. Heute jedoch muß es sein. Hände weg von den Zigaretten – sagen wir energisch. Es lohnt sich wirklich nicht, das Zeug einzuatmen und sich selbst und die Umgebung damit zu vergiften. Nicht jede Geschichte geht so glimpflich aus wie die von Olaf. Viele Kinder, die mit dreizehn oder vierzehn Jahren die ersten Zigaretten rauchen, schaffen es nicht mehr, davon loszukommen.

Wozu macht man das eigentlich? Die Luft ist schon genug verpestet, und nun atmet man auch noch den ganzen Dreck: Teer, Nikotin, Blausäure, Kohlenmonoxyd extra ein, verstopft sich die Adern, belastet das Herz und den Kreislauf und verklebt sich die Lunge. Es ist längst nachgewiesen, daß Rauchen die tödliche Krankheit Krebs verursacht, daß Herzinfarkte und Kreislaufkrankheiten darauf zurückzuführen sind, daß die Menschen sich viel gesünder fühlen, wenn sie nicht rauchen.

Meistens fangen die Jungen und Mädchen heimlich mit dem Rauchen an. Das prickelt, so etwas Unerlaubtes, so etwas Gefährliches zu tun, und außerdem fühlt man sich dabei so wahnsinnig erwachsen. Doch: Ist das wirklich erwachsen, wenn man sich bewußt die Gesundheit kaputtmacht? Ist das nicht viel mehr so eine Angeberei und auch ein bißchen Feigheit, weil man sich nicht traut, „nein danke" zu sagen?

Wenn der Körper noch wächst, ist das Rauchen besonders schädlich. Er braucht noch viel Kraft, frische Luft und Widerstandskräfte, das alles nimmt die Zigarette. Und wenn man einmal angefangen hat zu rauchen, dann dauert es Jahre, bis das giftige Zeug wieder ganz aus dem Körper verschwunden ist.

Was ist mit den Erwachsenen, wenn sie dasitzen mit der Zigarette in der Hand und sagen: „Fangt bloß nicht mit dem Rauchen an"? Das klingt gerade von den Rauchern nicht sehr überzeugend – und trotzdem können wir es ihnen abnehmen: denn sie wissen, was es bedeutet, ein Nikotinknecht zu sein, der sich täglich zehn, zwanzig, dreißig Sargnägel in die Lunge klopft.

Also, Hände weg von dem Zeug. Es ist eben nicht der Duft der großen weiten Welt, sondern das reine Gift, und Freiheit und Abenteuer, wie es die Reklame so scheinheilig verspricht, kann man doch nicht erleben, wenn man ein Sklave des Nikotins ist. Im Gegenteil: Man stelle sich vor, da humpelt einer meilenweit für eine Zigarette mit blauschwarzen Raucherbeinen, oder der rauchende Wildwest-Held sitzt auf seinem Pferd und hustet sich die Lunge aus dem Leib. So nämlich sieht es in Wirklichkeit aus. Deshalb: gar nicht erst anfangen. Wir sparen viel Geld und viel Frust – weil das Abgewöhnen nicht so einfach ist.

## Rauchen macht schlank

„Mama, der Olaf hockt hinterm Busch und raucht!“ Die Mama kann es nicht fassen, stürzt zum Fenster und blickt in den Garten. Tatsächlich, da unten hinterm Brombeerbusch steigen kleine Rauchwolken gen Himmel. „Ist das unser Olaf?“ schreit Mama ungläubig, der kleine Kerl, der gerade seinen zwölften Geburtstag gefeiert hat. „Ja“, verpetzt ihn der Lars, neidisch guckt er auf die blauen Kringel, die Olaf hinter dem Busch in die Luft bläst, und Lars zählt die Jahre, bis er endlich auch zwölf ist, dann will er Kettenraucher werden.

„Gestern hat Olaf mit Malte, Arne und Christian in der Scheune hinter der Schule geschmökert“, berichtet Lars fleißig, und die Mama schwillt rot an vor Zorn. „Bei uns zu Hause“, hatte sie immer gesagt, „wird nicht geraucht“. – „Aber wieso“, fragten die Kinder. „Das macht Krebs in der Lunge, Geschwüre im Magen und Raucherbeine“, hatte Mama ihnen erklärt und sich dabei eine Zigarette angezündet. „Stirbst du bald an Krebs in der Lunge?“ fragte Lars erschrocken. Die Mama wurde sauer: „Frag nicht so blöd. Ich bin erwachsen.“ Lars bohrte weiter: „Also, wenn ich groß bin, dann darf ich rauchen wie du, das schadet dann nicht mehr?“ – „Verdammt nochmal“, brüllte die Mama, „wenn Ihr zu Hause raucht, fliegt Ihr raus. Basta.“

Auch der Papa hatte es ganz schön drauf. Morgens hustete er wie ein altes Dampfroß. Manchmal spuckte er ins Waschbecken, und die Mama rief uninteressiert von nebenan: „Ist Blut dabei?“ Sie hatte irgendwie einen seltsamen Humor. Also diese beiden Kettenraucher, in deren Wohnzimmer es stank wie in einer verräucherten Seemannskneipe, wollten doch tatsächlich ihren Kindern eine Moralpredigt halten und ihnen klarmachen, daß Rauchen die Gesundheit zerstört. Gerade noch vor einer Woche hatte die Mutter wieder ihr berühmtes Herzrasen, und Lars hatte durchs Schlüsselloch geguckt und gesehen, wie der Arzt den Kopf schüttelte und warnte: „Wenn Sie nicht bald das Rauchen aufgeben, nimmt das noch ein schlimmes Ende." Als der Doktor dann mit sorgenvollen Blicken das Haus verließ, hörte Lars, wie Mama dem Papa zukrächzte, „auf den Schreck brauch' ich erst mal eine Zigarette." Der Vater hatte zwar gesagt, „nu laß' es doch wenigstens mal heute abend sein", aber die Mutter wurde richtig sauer und brüllte. Dann sagte sie mürrisch: „An Silvester, wirst sehen, dann rauch' ich meinen letzten Glimmstengel." Der Vater lachte spöttisch: „Das sagst du doch jedes Jahr." – „Verdammt", fluchte die Mutter schon wieder, während sie immer noch blaß wie ein Leichentuch von ihrem Herzflimmern und Kreislaufkollaps auf der Bettkante saß, „ich bin eben genauso süchtig wie du."

Der Vater saß da im Unterhemd, guckte sich die Krampfadern an seinen Raucherbeinen an und murmelte, „was für'n Quatsch, da paffen wir zusammen jeden Monat bald vierhundert Mark in die Luft für nichts und wieder nichts. Nikotinknechte sind wir, wehe, wenn die Gören damit anfangen, die kriegen was zu hören ..."

Nun war es soweit. Der Olaf saß hinterm Busch und paffte. Natürlich hat die Mutter das dem Vater abends brühwarm aufs Butterbrot geschmiert. „Komm her", sagte der Vater, dem es in den Fingern juckte, „das machen wir ganz einfach, das hat mein Vater auch schon mit mir gemacht." Und dann ging er zum nächsten Kiosk, kaufte die schwärzeste, längste und dickste Zigarre und eine Flasche Schnaps. „Olaf", rief er dann seinen Sohn ins Wohnzimmer, wo der Fernseher gerade die Wetterkarte zeigte. Olaf ahnte Fürchterliches. Der Vater lachte ihn an wie einen alten Kumpel und klopfte Olaf auf den Rücken, daß der kleine Kerl bald einen Hechtsprung aufs Sofa gemacht hätte. „He du", brüllte der Vater, als säße er mit Olaf im „Hesseneck" am Stammtisch. „Ich hab' gehört, du bist seit heut

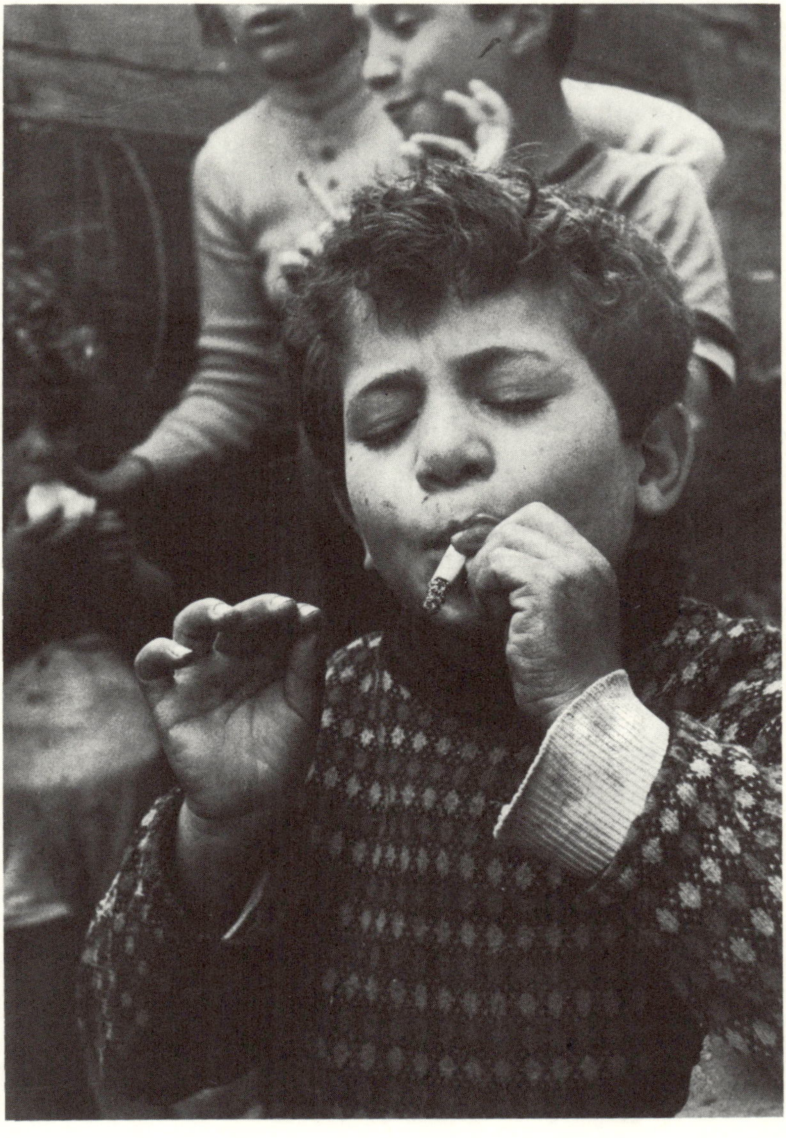

ein richtiger Kerl." Dann lachte der Vater wieder unangenehm laut, und das Gelächter ging wie immer in einen schleimigen Husten über. Vaters Gesicht schwoll rot an und seine Augen quollen hervor, bis der Hustenanfall vorbei war. Der Vater grinste Olaf unheilvoll an. „Komm her, mein großer Sohn, dann wollen wir mal eine richtige Sause machen." Er holte aus dem Schrank den Schnaps und die dicke Zigarre. Wie in den Filmen im Kino bot er Olaf die Zigarre an, und der sagte: „Nein danke, ich rauche nicht." – „Aber klar rauchst du", lachte der Vater gönnerhaft, schlug Olaf abermals auf die Schultern, daß ihm fast der Kopf vom Hals gefallen wäre, und dann steckte er seinem Sohn mit einem energischen Ruck die schwarze Zigarre zwischen die Zähne. „Rauch", zischte der Vater wütend, „du bleibst hier sitzen, bis du den letzten Zug gemacht hast. Hier, trink einen Schnaps, das gehört sich für richtige Männer so." Und dann hielt er Olaf die Nase zu, und als Olaf nach Luft schnappte, kippte der Vater ihm das ganze Glas Schnaps in den Hals.

Olaf hustete und prustete, er qualmte aus Mund, Nase, Ohren und Augen, er paffte und paffte, er rülpste und bekam Schluckauf. „Du lieber Himmel, du bringst ihn noch um", wimmerte die Mutter. „Weiter", befahl der Vater. Lars hing mal wieder am Schlüsselloch, guckte auf die Uhr, eine Stunde nuckelte Olaf nun schon verzweifelt an der Zigarre, und noch nicht einmal die Hälfte hatte er geschafft.

„Wer raucht denn sonst noch aus deiner Clique", fragte der Vater in herrischem Ton. Olaf traute sich keine Lüge mehr. Endlich konnte er den stinkenden Kolben aus dem Mund nehmen und in den Aschenbecher legen. Olaf redete wie ein Wasserfall, damit ja keine Pause entstand, bis das schwarze stinkende Biest im Aschenbecher kalt geworden war. „Also der Christian, der Jakob, der Robert und der Lothar, wir haben heute ein Päckchen ..."

„Ne Stange angeben wollt ihr!" brüllte der Vater jetzt,

„den dicken Maxe mimen, glaubt wohl, ihr wärt schon wer, wenn ihr so ein Ding im Maul habt. Hosenschei..." und in diesem Moment schrie Olaf auf, warf die Zigarre in den Aschenbecher, besser gesagt daneben, und rannte wie von einem Skorpion gebissen aus dem Wohnzimmer direkt aufs Klo. Oh Mann, was da der Lars durchs Schlüsselloch zu sehen bekam. Der Olaf konnte gar nicht mehr aufhören zu spucken, immer wieder würgte und würgte der arme Kerl – und dann sank er matt und bleich in die Badewanne.

„Na, das wird ihm eine Lehre sein", triumphierte der Vater und zündete sich zufrieden eine Zigarette an.

P.S. Es muß an dieser Stelle gesagt werden, daß die Maßnahme des Vaters auf Olaf überhaupt keine Wirkung hatte. Olaf paffte noch eine ganze Weile in seiner Clique weiter und kam sich dabei unheimlich stark vor. Er hat natürlich nicht so ohne weiteres aussteigen können, denn sonst hätte die Clique ihn einen Schwächling genannt. Ehrlich gesagt, Olaf hatten die Zigaretten nie besonders geschmeckt, manchmal glaubte er sogar, an dem blauen Dunst zu ersticken. Im übrigen wurde die Sache viel zu teuer, acht Mark in der Woche gingen drauf für nichts und wieder nichts.

Doch Olaf schaffte es. Mit vierzehn Jahren wurde er wieder Nichtraucher. Das hat er „Larry" zu verdanken, einem duften Typ in Turnschuhen. Larry ist unheimlich sportlich. Der kann rudern, Tennis und Fußball spielen. Larry ist wahnsinnig selbstbewußt. Wenn er rauchen würde, hätte er keine Puste mehr für seinen Sport – und seine Zukunft wäre futsch; denn Larry will Sportlehrer werden. Und im übrigen war Larry in Amerika.

Olaf ist ein USA-Fan, das ist das Land seiner Träume. Larry hat ihm erzählt, daß in Amerika an der gesamten Westküste so gut wie keiner mehr raucht. Da hat Olaf einfach die Kippe weggeworfen. In seinem Zimmer hängt jetzt ein Plakat: Rauchen macht schlank, sagt das Skelett und grinst.

Die Mutter kriegt jedesmal einen Schreck, wenn sie Olafs Bett macht. Nun will sie sich zum 99sten Mal das Rauchen abgewöhnen und fühlt sich ganz elend – weil sie es mal wieder nicht schafft. „Die Sucht macht dich noch ganz fertig", sagt Olaf und schüttelt verständnislos den Kopf.

# Das Auto, das nie ankam

## Heimkindern fehlen nicht nur die Eltern

Es gibt Geschichten, die sind einfach nicht lustig, für die gibt es auch kein „happy end". Die Geschichte von Christian – eine wahre Geschichte übrigens – ist so eine. Was läßt sich schon Lustiges über Kinder in Heimen berichten. Gewiß, heutzutage ist es so, daß sich die Erzieherinnen und Erzieher alle Mühe geben, damit sich die Kinder in Heimen wohlfühlen. Psychologen und Pädagogen kümmern sich um das seelische Wohlbefinden der Jungen und Mädchen, man richtet Heime ein, in denen die Kinder hübsche Zimmer haben und große Gärten zum Spielen. Es ist üblich, daß die Heime den Charakter einer Familie mit vielen Kindern haben, die dann wie Geschwister sind.

Und trotzdem: Irgend etwas fehlt, irgend etwas, das auch das schönste Heim nicht ersetzen kann. Dieses „Irgendetwas", das sind die Eltern. Die Gründe, warum Kinder ins Heim kommen, sind vielschichtig. Es passiert, daß Kinder ihre Eltern zum Beispiel durch einen Unfall verlieren – und dann ist keiner da, der sich um sie kümmert. Es kann aber auch sein, daß die Eltern aus verschiedenen Gründen so viele Probleme mit sich und dem Leben haben, daß sie nicht in der Lage sind, sich um ihre Kinder zu kümmern. Und es kommt vor – so schrecklich das ist –, daß Eltern ihre Kinder mißhandeln und vernachlässigen, so daß die Behörde es „besser" findet, wenn die Kinder in einem Heim leben.

Kinder in Heimen, das sind meist Kinder, um die sich sonst niemand kümmert, Kinder, die völlig alleingelassen sind, für die ein

Heim ein neues Zuhause bedeutet. Oft sagt man, daß Heimkinder später mal kriminelle Menschen werden. Das ist ein Vorurteil. Wenn Menschen auf die schiefe Bahn geraten – so wie es bei Christian passiert ist, dann kann der Grund unter anderem darin liegen, daß er in seiner Kindheit viel zu wenig Liebe bekommen hat.

Zuwenig Liebe übrigens ist nicht immer nur ein Problem von Heimkindern – auch „richtige Eltern" können in dieser Beziehung sehr geizig sein.

## Dann rannte er los

Sonntags war es immer am schlimmsten. Sonntags konnte man ihn nicht aus den Augen lassen. Die Polizei hat ihn schon ein paar Mal gesucht. Manchmal haben Heinz und Anneliese, seine Erzieher, ihn sonntags in ein Zimmer eingesperrt, aber Christian fand immer einen Trick, um abzuhauen.

Was machte Christian an diesen unglücklichen Sonntagen? Meistens ging es bei ihm nach dem Mittagessen los – wenn die anderen Kinder sich fein machten, wenn sie am Fenster standen und die Autos ankommen sahen, die mit den Eltern, Tanten, Onkeln oder irgendwelchen Freunden und Bekannten. Dann wurden erst einmal die Geschenke in die Zimmer geschafft – die Geldspenden bei Heinz und Anneliese abgeliefert.

Christian stand auch am Fenster – und wartete. Doch für ihn fuhr nie ein Auto vor. Er wartete ein Jahr, er wartete zwei Jahre, er wartete drei Jahre. „Er wird ein Leben lang auf ein Auto warten, das niemals vorfahren wird", schrieb sein Sozialarbeiter später in seine Akte. Und wenn die Autos alle angekommen waren, dann rannte Christian los, über den Hof, über den Spielplatz, die Straße hinunter, immer weiter, immer weiter geradeaus. Er rannte dem Auto entgegen, das niemals ankam. Christian kam auch niemals an. Er rannte und rannte, bis ihn die Polizei aufgabelte und Heinz und Anneliese ihn abends vom Revier nach Hause holen mußten.

Nachts in seinem Zimmer, wo noch fünf andere schliefen, erzählte Christian von dem wunderschönen Sonntagnachmittag. Seine Mutter hätte ihm Eis spendiert und der Vater sei mit ihm um die Wette gelaufen. Und er war traurig, weil die Eltern so schrecklich geweint hätten, weil sie Christian abends wieder zurück ins Heim bringen mußten. Doch es gäbe keine andere Möglichkeit. Beide müßten viel arbeiten, seien immer unterwegs, aber sie hätten versprochen, am nächsten Sonntag wiederzukommen, und dann müsse Christian ihnen wieder entgegenlaufen.

In dem Kinderheim gab es Pädagogen und Psychologen – es ist ihnen nie gelungen, Christian „vernünftig" zu machen. Als er zwölf Jahre alt wurde, haben sie ihm gesagt, er könne aufhören zu warten. Seine Eltern würden niemals kommen. Sie haben Christian mit vier Jahren in das Heim gegeben und sich seitdem nicht mehr gemeldet. Der Vater ist unbekannt verzogen, die Mutter hat kein Geld, trinkt manchmal zuviel Alkohol und befindet sich ab und zu in schlechter Gesellschaft. Außerdem seien da noch drei andere Geschwister von Christian, die in Heimen leben. An Christian prallen diese Worte ab. Er stellte sich taub und zertrümmerte anschließend das Mobiliar in seinem Zimmer.

Sonntags drauf war er wieder verschwunden, rannte den endlosen Weg seinen Eltern entgegen – die niemals kamen. Einmal versteckte er sich unter dem Rücksitz in irgendeinem Auto. Die Leute nahmen ihn in eine völlig fremde Stadt mit, dort krabbelte er nachts unter dem Sitz heraus – und landete wieder auf dem Polizeirevier.

Mit vierzehn hatte Christian schon eine dicke Akte auf dem Jugendamt. Sie nannten ihn einen „Streuner", einen „labilen Charakter", der keinen festen Boden unter den Füßen habe. Heinz und Anneliese, seine „Heimeltern", gaben sich viel Mühe mit Christian. Immer wieder haben sie mit ihm gesprochen. Manchmal nahm Heinz ihn beiseite, spielte Fußball mit ihm, und in der Halbzeit sprachen sie „von Mann zu Mann". Abends wurde er umarmt und geküßt wie alle Kinder, die das gerne wollten. „Du gehörst zu uns", sagte Anneliese, „wir sind doch auch eine Familie." Die fünf anderen Kinder auf dem Zimmer und Christian verstanden sich mal gut, mal schlecht, wie das eben auch so unter „normalen" Geschwistern ist. „Aber irgendwie ist

es uns nie gelungen, an Christian so richtig ranzukommen", sagte Anneliese später vor dem Jugendrichter. „Es war so, als bliebe eine Kammer in Christians Herz immer verschlossen."

Mit 17, das war so üblich, mußte Christian das Heim verlassen. Er hatte die Hauptschule beendet und bei einem Schreiner gelernt. Heinz und Anneliese haben ihn oft besucht in seinem neuen Zimmer. Sie kamen sonntags mit dem Auto vorgefahren. Christian freute sich, aber er rannte ihnen nie entgegen.

Christian war ein verschwiegener Junge. Nicht nur die Kammer in seinem Herzen hielt er verschlossen – auch seinen Mund. Er schrieb viele Briefe, die er niemals abschickte. Bei seinem Auszug aus dem Heim fand Heinz ein ganzes Bündel Briefe an seine Eltern. Er hatte Briefe „beantwortet" die er nie erhalten hatte. Die Psychologin bescheinigte ihm in seiner Akte einen „gefährlichen Hang zum Selbstbetrug". „Wahnvorstellungen" und die „Unfähigkeit, das Leben so zu sehen wie es ist". Das Weglaufen, das Irgendwohin-Laufen war Christians Macke. Die behielt er auch in seiner Lehrzeit. Der Schreinermeister mußte ihn feuern, weil er montags immer noch unterwegs war.

Christian wurde arbeitslos. „Typisch", so tuschelten die anderen, Heimkinder werden meistens kriminell. Geklaut hatte Christian schon im Heim; hier und da mal eine Mark, dafür kaufte er sich Süßigkeiten. „Damit will Christian sich etwas Gutes tun", schrieb die Psychologin in ihren Bericht. „Wir können nichts mehr für ihn tun ..." klagte Anneliese schuldbewußt. „Wir haben mit ihm gespielt, geredet, wir versuchten, ihm eine Familie zu sein, so gut es ging ... aber da sind ja auch noch die anderen Kinder, die uns brauchen."

Aus den anderen Heimgeschwistern ist richtig was geworden. Einige haben Abitur gemacht und sind heute studierte Leute. Einige haben geheiratet und haben selbst

Kinder, eine „richtige Familie". Bei Christian hat das nicht geklappt. Er hatte keine Zeit für eine Freundin, weil er erst einmal seine Eltern suchen wollte. Er glaubte auch mit achtzehn Jahren noch fest daran, daß sie irgendwo in der Klemme sitzen und er sie retten müßte. Deshalb knackte er dann auch Automaten, einen oder mehrere, er kann sich nicht mehr erinnern. Auf jeden Fall sammelte er Geld, weil er eine weite Reise vor sich hatte.

Der Jugendrichter, der Christians dicke Akte studierte, schüttelte am Ende den Kopf. „Christian, du hattest alle Chancen. Ein ordentliches Heim und geduldige Erzieher, man gab dir gut zu essen und anständige Kleider, du durftest jede Schule besuchen – du hattest wirklich alles." – „Stimmt" sagten Heinz und Anneliese, „er hatte alles, nur keine Eltern."

Für Christian gab es wegen der geknackten Automaten und anderer krummer Touren eine Strafe ohne Bewährung. Was wird er nur im Gefängnis machen, wenn es Sonntag ist?

# Ein alter Mann mit Rauschebart?

## Gedanken über Gott und die Welt

Stimmt es, daß die meisten sich den lieben Gott als einen alten Mann mit Rauschebart vorstellen? Eine Umfrage unter Mädchen und Jungen in der Grundschule soll dies ergeben haben. Kinder, so habe ich kürzlich in einem Buch gelesen, seien von Natur aus religiös. Ohne dauernd vom „lieben Gott" zu sprechen, würden sie die eigentlichen wichtigen Fragen stellen. „Woher kommen wir? Warum gibt es uns überhaupt auf der Welt? Ist mit dem Tod das Leben zu Ende?" Und weiter habe ich gelesen, daß Kinder genau die Eigenschaften besitzen, die man „religiös" nennt: Offenheit, den Willen zur Freundschaft, zum ehrlichen Handeln, auch mal zum Streit, ohne nachtragend zu sein. Freude am Leben und am eigenen Dasein. So soll es auch Jesus gemeint haben, als er sagte: „Wenn Ihr nicht werdet wie die Kinder" ... oder: „Lasset die Kinder zu mir kommen, denn ihnen gehört das Himmelreich." Jesus war ein Kinderfreund. Da wird vielleicht nun mancher sagen: Aber, wir gehen doch gar nicht regelmäßig in die Kirche, wir beten nicht jeden Abend usw. Vielleicht, so habe ich mir überlegt, ist die „Form" der Religiosität gar nicht das Wichtigste. Vielleicht sogar muß man auch gar nicht immer das Wort „Gott" im Munde führen, vielleicht ist auch die Konfession, also katholisch, evangelisch, und viele andere Glaubensrichtungen nicht so entscheidend. Ich sage hier ganz bewußt vielleicht, weil sich, meine ich, niemand anmaßen kann, über den „richtigen" und den „falschen" Glauben zu urteilen, weil solche Urteile in der Welt schon viel zuviel Unglück angerichtet haben. Vielleicht also ist der Mensch und seine Einstellung zu sich und seinen Mitmenschen entscheidend.

In den meisten Familien wird heutzutage nur noch sehr wenig oder gar nicht über den Glauben und die Religion gesprochen.

Manche Eltern haben selbst eine strenge religiöse Erziehung erlebt, (wer kennt nicht den Spruch: der liebe Gott sieht alles!) und sie sagen: Die Kinder sollen sich später selbst entscheiden, ob sie einer Religion angehören wollen oder nicht. Früher war das anders. Da wurde der Glaube in der Familie von Generation zu Generation weitergereicht. Da wurden die kirchlichen Feste gemeinsam gefeiert, da betete die Familie regelmäßig gemeinsam am Tisch. Experten der sogenannten religiösen Früherziehung bedauern es, daß die Kinder heutzutage so wenig von der Feierlichkeit des religiösen Lebens mitbekommen. Das Feiern der Jahreszeiten und der besinnlichen Feste, das gemeinsame Gebet oder vertrauensvolle Gespräch mit Gott, so sagen sie, könnte einem Menschen viel Geborgenheit und Vertrauen in das Leben geben. Gerade in schweren Augenblicken des Lebens, wenn man meint, jetzt geht wirklich alles schief, könnte der Glaube eine Kraft sein, die den Menschen auch über die tiefsten Wasser trägt. So ähnlich meinte es wohl auch „Oma Amelie" in unserer Geschichte.

Aber eines steht auch fest: Kinder, die zu Hause nur Chaos und Lieblosigkeiten erleben, denen können dieselben Erwachsenen, die solche Zustände verursachen, nicht mit dem erhobenen Zeigefinger ankommen und immer nur vom „lieben Gott" reden. Die Ehrlichkeit der Erwachsenen, die von sich behaupten, sie seien religiös, ist da sehr wichtig. Und Kinder merken genau, wenn Worte und Taten nicht übereinstimmen.

Naja, und dann gibt es Erwachsene, die wollen ihre Kinder in einer – wie sie sagen – ungläubigen Welt zum Glauben zwingen, die sind wie strenge Missionare. Eine solche Erziehung, das schreiben auch die Experten, führt später dann genau ins Gegenteil. Jeder Mensch hat seinen eigenen Glauben oder Unglauben. Die einen reden von Gott, die anderen reden gar nicht drüber. Wenn die Eltern sagen, sie wollen für ihre Kinder ja nur das „Beste", dann könnte dies vielleicht auch heißen, daß sie ihren Kindern so viel Selbstverstrauen geben, daß diese später mit Mut und Zuversicht ihren eigenen Weg gehen können – und wohin der mal führen wird, das weiß wirklich nur der „liebe Gott". Oder?

## Etwas muß schon dransein

„Also, gute Nacht", sagt die Mutter, knipst das Licht aus und schließt die Tür. Da liegt Martina nun in ihrem dunklen Zimmer, schaut in die Nacht hinaus und betrachtet die Sterne und den Mond. Ab und zu zieht eine Wolke vorbei und der Mond verschwindet wie hinter einem Vorhang. Dann guckt er wieder hervor und lächelt. „Guter Mond", flüstert Martina, und für einen Moment glaubt sie zu sehen, wie er sein rundes Gesicht freundlich zu ihr neigt. Ach, hätte er nur Arme, um sie zu wiegen und zu schaukeln, Hände, die ihr sanft übers Gesicht und Haar streicheln würden, einen Mund, der zu ihr sprechen könnte: „Es wird schon nicht so schlimm werden."

Wäre sie wenigstens da, die gute Oma Amelie, die sie in solchen untröstlichen Augenblicken auf den Schoß nahm und ihr ein Liedchen summte ... „guter Mond du gehst so stille ...". Als Oma Amelie vor einem Jahr starb, da schrieb Martina in ihr Tagebuch: „Jetzt ist mir so, als wäre ein warmer Ofen in meiner Nähe erloschen. Ohne meine Oma ist mein Leben leer und traurig." „Oh nein, mein Kind", hatte ihr die Oma immer gesagt, „du hast noch einen langen, schönen Weg vor dir, ich bin angekommen." Zum Schluß, als Oma Amelie nicht mehr so gut laufen konnte, saß sie im Garten. Sie lauschte den Vögeln und freute sich, wenn die Bäume blühten. In diesen Monaten erzählte sie viel aus ihrer Kindheit, von dem kleinen Dorf, den goldgelben Feldern, dem Teich mit den Enten, von den Kühen und Pferden im Stall und vom Spätsommer, wenn die Ernte eingefahren wurde.

Als dann der letzte Herbst in ihrem Sommer gekommen war, erzählte sie, wie sie früher die Früchte in einem Korb sammelten und frühmorgens um sechs über die Felder zogen und Lieder sangen. Erntedankfest nannte sie das. Oma Amelie saß noch in der Veranda am offenen Fenster, während Martina das Laub zusammenharkte und in Plastiktüten verstaute, „nun sind die Blätter alle tot", sagte Martina, und sie hörte ein Murmeln von der Veranda: „Nichts geht verloren." – „Alte Leute sind manchmal wunderlich", dachte Martina und vergaß diese Bemerkung wieder.

Jetzt, als sie dalag und der Mond sie anlächelte, wurde ihr plötzlich klar: Oma Amelie würde für sie niemals verlorengehen, ihr ganzes Leben lang. „Etwas", hatte Oma Amelie ihr gesagt, „wird dich immer über die tiefsten Wasser tragen." Martina fand solche Sätze genauso unwirklich wie all die Märchen und Geschichten, die Oma Amelie ihr erzählt hatte. Wunderbare Geschichten. Von Menschen, die Abenteuer und Gefahren durchstehen mußten, die über die höchsten Berge und durch die tiefsten Täler wandern mußten, die sich weder von Räubern, wilden Tieren, und Unwettern beirren ließen, bis sie endlich angekommen waren. Etwas in ihnen trug sie immer weiter. „Oh wie schön ist Panama", seufzte Martina, und dachte an den Tiger und den Bären, die auszogen, um ihr Paradies zu finden.

„Was machst du?" hatte Martina Oma Amelie gefragt, wenn sie manchmal auf der Bank im Garten saß und die Lippen bewegte. „Ich erzähle etwas." „Was erzählt du, ich kann dich nicht verstehen?" – „Ich spreche ja auch nicht mit dir", hatte die alte Frau gesagt. „Jetzt wird sie wirklich komisch", dachte Martina und schaute sie besorgt an. „Aber Oma Amelie, du führst ja Selbstgespräche!" – „Nein, ich spreche mit irgend jemandem, ich sage ihm alles, was mir gerade so durch Herz und Kopf geht. Und dann fühle ich mich leichter." – „Du lieber Himmel", stöhnte Martina, und sie wußte, diskutieren war bei Oma Amelie schon immer zwecklos.

Wieder schob sich eine Wolke vor das runde Mondgesicht, und Martina tappte einen Augenblick lang völlig im Dunkeln. Einmal, als Oma Amelie wieder Selbstgespräche führte, ging Martina zum Angriff über. Wenn sie etwas wissen wollte, ließ sie nicht locker. Sie setzte sich auf ihren Schoß und umarmte sie, man könnte sagen, sie quetschte die kleine Oma sprichwörtlich mit ihren Armen wie eine Zitrone aus: „Also, mit wem hast du jetzt gerade wieder gesprochen?" Zum ersten Mal in ihrem Leben sah Martina, wie die alte Frau verlegen wurde und ihr Gesicht rot anlief. Sie hatte nicht die Kraft, sich aus Martinas Griff zu befreien, und leise sagte sie, „auch wenn du über mich lachst, ich spreche mit Gott."

Martina hatte Mühe, ernst zu bleiben. Aber sie liebte Oma Amelie zu sehr, sie liebte ihre wunderschönen Geschichten, ihre liebevollen Augen, mit denen sie sich, die Menschen und das Leben betrachtete, sie hätte sie niemals ausgelacht. Oma Amelie sah sehr wohl, daß Martina Mühe hatte, nicht laut loszulachen. Und weil sie den Spott nicht fürchtete, sagte sie mit fester Stimme: „Ich bete."

Oh Gott, schoß es Martina durch den Kopf, wie war das doch noch: „Ich bin klein, mein Herz ist rein ..." Diesen Spruch kannte sie nur zu gut. Und jedesmal fühlte sie sich danach noch eine Nummer kleiner, als sie eh schon war. Einmal, vor vielen Jahren, da hatten ihre Eltern sie zur Erholung geschickt in ein Heim mit sehr frommen Frauen, die trugen den ganzen Tag das Gebetbuch vor der Nase, aber wehe, wenn Martina abends im Schlafsaal ihrer Freundin schwuppdiwupp die Decke vom Bett gezogen hatte. „Martina, aufstehen!" hörte sie eine drohende Stimme, und dann stand sie mindestens für eine Stunde in der Schuhkammer, manchmal, wenn sie vergessen worden war, waren es zwei Stunden und mehr. Der liebe Gott sieht alles, auch mich hier in der Schuhkammer. – Der liebe Gott sieht alles, auch meine bösen Gedanken, wenn ich meinem Bruder die Augen auskratzen möchte, meinem Mathelehrer vierzig Grad Fieber wünsche, natürlich nur für drei Tage, wenn ich meiner Mutter einen riesigen Tintenfleck auf der

weißen Tischdecke gönne oder meinem Vater eine Beule im neuen Auto, weil er immer so aufdringlich nach meinen Schularbeiten fragt. Der liebe Gott sieht alles, big brother is watching you, das kann einen auf die Dauer ziemlich fertigmachen.

Oma Amelie schaute Martina an, als könne sie in diesem Augenblick Gedanken lesen. „Die sieht auch alles", dachte Martina mürrisch, „geh mir bloß weg mit dem lieben Gott, so lieb ist der gar nicht." „Nein", sagte die alte Frau, „so einen Gott mag ich auch nicht. Jeder Mensch trägt ein Bild in sich von Gott, je nachdem, wie er sich selber fühlt. Für den einen ist er ein strafender Gott, der immer nur schlechtes Gewissen macht, für mich ist er ein liebender Gott, der die Menschen so annimmt, wie sie sind." – „Auch mich? Mich, mit meinen Pickeln im Gesicht und meiner Wut im Bauch?" fragte Martina. „Ja", sagte Oma Amelie mit einer Stimme, die keinen Zweifel mehr zuließ. „Woher willst du das wissen", forschte Martina weiter, „keiner hat den Gott, wenn es ihn überhaupt gibt, je gesprochen oder gesehen?" „Ich weiß es nicht, ich glaube es eben." Mehr konnte Oma Amelie dazu auch nicht sagen.

„Der liebe Gott liebt die Menschen –, daß ich nicht lache", murmelte Martina bissig. Das sagen die frommen Meiers in der Straße ihren Kindern andauernd. Und wenn sie nicht spuren, gibt's Schläge. Die gehen jeden Sonntag alle zusammen in die Kirche, und anschließend streiten sich die Eltern, daß den Kindern Hören und Sehen vergeht. „Überhaupt", grübelte Martina, „mich kann er nicht mögen, der Gott, weil ich mich nicht an die Abmachungen halte. Ich gehe nur Weihnachten in die Kirche, und die Stunde ist mir bald auch schon zu lang. Obwohl – der neue Pfarrer sieht nicht schlecht aus. Mit den Jugendlichen macht er tolle Freizeiten, und er diskutiert mit ihnen über Gott und die Welt.

Apropos Welt. Was ist mit der Verschmutzung der Meere, mit dem Ozonloch, mit den Urwäldern, mit der radioaktiven Verseuchung, mit dem Hunger in der Dritten Welt, mit den Kriegen? Da soll man dann noch Gottvertrauen haben? Naja, der neue Pfarrer meinte, daß die Menschen Kriege führen und die Erde kaputtmachen. In der Bibel stünde geschrieben, daß der Mensch die Erde hegen und pflegen solle. Mit der Bibel", denkt Martina, „haben die Eltern nicht viel am Hut." Überhaupt, über Religion wird zu Hause nicht viel geredet. Weihnachten oder Ostern fragt der Vater manchmal: „Wißt ihr überhaupt, warum wir das feiern?" Und der kleine Bruder grölte dann: „Wegen der vielen Geschenke." Er stellt sich Gott ziemlich gemütlich vor, als einen alten Mann mit Rauschebart.

Komisch, Oma Amelie hat eigentlich nur das eine Mal von Gott und vom Beten gesprochen. Manchmal ging sie in die Kirche, sie mochte es, in einer Gemeinschaft zu sein, aber sie sagte auch, darauf kommt es nicht an. Für sie zählte immer der Mensch und das, was er tat.

„Ach, liebe Oma Amelie", flüstert Martina. Irgend etwas muß schon an alledem, was sie sagte, drangewesen sein. Wie hätte sie sonst so schöne Geschichten erzählen und so viel Wärme wie ein kleiner Ofen ausstrahlen können.

Der Mond schaut immer noch mit ernster Miene in Martinas Schlafzimmer, so, also wollte er sagen: Für heute hast du genug über den Lauf der Dinge und den Sinn des Lebens nachgedacht. Martina stutzt einen Moment – und dann sagt sie: Probieren könnte ich es ja mal, es ist zwar nicht ganz so, wie Oma Amelie es gemeint hat, aber vielleicht nützt es trotzdem was: „Lieber Gott, bitte verpaß mir morgen eine ordentliche Grippe, dicke Mandeln und rote Flekken im Gesicht, weil ich vergessen habe, für die Englischarbeit zu lernen. Ab zwölf Uhr dann bitte ich um gute Besserung, weil ich nachmittags zum Eislaufen verabredet bin. Gute Nacht."

# Emil ist kein Dieb!

## Warum manche Kinder stehlen

Wer hat schon einmal geklaut? Wirklich, ganz im Ernst. Wir wollen ein Thema ansprechen, was sonst, wie es ja für Langfinger üblich ist, in aller Heimlichkeit abgetan wird. Es gibt eine Menge Kinder, die klauen. Sie werden nicht bestraft wie die Erwachsenen. Es werden höchstens die Eltern von der Polizei oder – wenn ein Kind mehrmals auffällt – vom Jugendamt ermahnt. Aber um die Folgen, die das Stehlen im Kaufhaus mit sich bringt, geht es uns in unserer Geschichte nicht. Es geht uns um die Ursachen.

Grund zum Klauen gibt es genug. Schauen wir in die Kaufhäuser, wie verführerisch da gerade die Süßigkeiten in Augenhöhe der Kinder aufgebaut sind. Da soll man ja gerade nicht widerstehen, da soll man ja zugreifen, allerdings soll man auch an der Kasse bezahlen, damit das Geschäft läuft. Also, es ist für die Kinder heutzutage nicht so einfach, an den prallgefüllten Regalen vorbeizugehen, ohne daß es in den Fingern juckt. Und da greift schon mal das eine oder andere Kind zu, um den Reiz und die Spannung, das „Abenteuer Klauen" zu erleben.

Vorsicht! Detektive gibt es überall und Kameras an der Decke und Spiegel in den Ladenecken. Allerdings: Das verführerisch große Angebot an Süßigkeiten muß ja nun nicht unbedingt gleich jeden zum Klauen veranlassen. Man kann auch einfach dran vorbeigehen, weil es ja nun einmal so ist, daß man nicht immer alles zu jeder Zeit haben kann.

Es gibt jedoch Kinder, die klauen nicht, weil sie neugierig sind, weil sie ein Abenteuer erleben oder vor ihren Freunden den Helden spielen wollen. Die klauen ganz einfach, weil sie Probleme haben. Probleme, die sie selbst nicht kennen. Da ist dieses Klauen dann wie ein Signal, eine Alarmglocke, die bekanntgibt, daß diesem Kind etwas fehlt. Solche Kinder brauchen Hilfe und liebevolles Verständnis. Emil ist so ein Kind.

## Wenn es nur einen Menschen gäbe …

Emil ist ein Dieb! Das hat ihm sein Vater gesagt. Neulich, da hat es gekracht. Zum ersten Mal in seinem achtjährigen Leben wurde Emil verprügelt, so richtig mit dem Stock. Die Mutter stand weinend daneben, und am Abend redete sie beschwörend auf Emil ein: „Mach das nie wieder …" Jetzt hat Emil ein schlechtes Gewissen, es sticht und quält ihn überall, und er hat niemanden, mit dem er darüber reden kann. „Eines Tages landest du noch im Gefängnis", hat sein Vater gesagt. Zur Strafe gibt's für die nächsten drei Monate kein Taschengeld und kein Fernsehen.

Emil grübelt. Stundenlang sitzt er in seinem Zimmer und malt sich aus, wie sein Fenster mit Gitterstäben davor aussehen würde und wie die Wassersuppe aus dem Blechnapf schmeckt. Am Abend blicken ihn der Vater prüfend und die Mutter sorgenvoll an. Emil weiß, was seine Eltern denken. Und einmal, als sie meinten, daß er schon eingeschlafen sei, haben sie in seinem Zimmer heimlich die Schulmappe und seine Hosentaschen durchsucht.

Emil lag die ganze Nacht wach im Bett. Fünf Päckchen Brause, Kaugummi und eine Toblerone. Die Brause wollte er an der Kasse bezahlen – und dann passierte es: Die lange Toblerone fiel ihm aus der Anoraktasche. Zuerst guckte ihn die Kassiererin stumm an, und Emil hoffte, daß sie sagen würde: Leg die anderen Sachen wieder ins Regal zurück. Doch dann stand sie auf und schrie nach dem Abteilungsleiter. Emil wollte abhauen. Nur weg, dachte er, als der Mann hinter ihm ihn schon an der Kapuze festhielt. „Nein, nein, Kleiner", sagte er mit strenger Stimme, „heute klaust du Schokolade und morgen knackst du Automaten, so fängt es an …"

Emil war wie gelähmt. Obwohl seine Beine rennen wollten, stand er da wie angenagelt. Dann kam der Abteilungsleiter. Er nahm Emil mit in das kleine Büro mit der großen

Glasscheibe. Die Blicke der anderen bohrten ihm tiefe Löcher in den Rücken. „Hast du schon öfter bei uns was mitgehen lassen?“ fragte der Abteilungsleiter. Emil zuckte mit den Schultern. „Warum hast du das getan?“ fragte der Mann im weißen Kittel weiter. Emil zuckte mit den Schultern. „Wie heißt du, wie alt bist du, wie heißen deine Eltern, wo wohnst du?“ Emil zuckte mit den Schultern. „Weißt du, daß wir bei jedem Dieb, den wir in unserem Laden erwischen, sofort die Polizei holen?“ Emil stockte das Blut in den Adern: Der Mann griff zum Telefonhörer und wählte eine Nummer. „Jetzt weg“, dachte Emil, „weg aus dem Laden, aus der Straße, und nie mehr nach Hause ...“ Doch Emil blieb stehen wie angenagelt.

Zehn Minuten später standen zwei Polizisten in Uniform im Büro des Abteilungsleiters und sagten zu Emil: „Dann komm mal mit.“ Er wollte schon immer mal gerne ein Polizeiauto von innen sehen, jetzt interessierte ihn das alles überhaupt nicht. Einer der Polizisten notierte sich Emils Adresse auf einem kleinen Block, und dann fuhren sie los. Emil saß hinten. Wie durch einen Vorhang schaute er aus dem Fenster, auf die Häuser und die Straße, in der er wohnte. Du lieber Himmel, die Nachbarn, wie sie ihre Hälse aus den Fenstern streckten, und dann der entsetzte Blick der Mutter, als Emil da stand mit rechts und links einem Polizisten an der Seite. Schnell schloß sie die Tür, der Vater schickte Emil ins Kinderzimmer, und von ferne hörte er die vier Erwachsenen miteinander sprechen. Es dauerte nicht lange, und wieder fiel eine Tür ins Schloß.

„Ich bin ein Dieb, ich bin ein Dieb ...“ hämmerte es seitdem in Emils Kopf. Ist Emil wirklich ein Dieb? Wie gerne würde Emil jetzt mit seinen Eltern reden, ihnen alle seine quälenden Gedanken mitteilen und sich von ihnen trösten lassen: „Nein, Emil, du bist kein Dieb, mach dir keine Sorgen.“ Aber mit dem Reden zu Hause ist das so eine Sache. Emil sagt schon lange nichts mehr, und neulich, als er

ziemlich wütend war, hat er sogar gedacht, daß seine Eltern sich sowieso für seinen kleinen Alltagskram überhaupt nicht interessieren.

Wenn sie jetzt wüßten, daß Emil schon seit einigen Monaten klaut. Manchmal zieht es ihn wie mit einem Magneten in die Kaufhäuser, und er möchte all die schönen bunten Süßigkeiten, die da so verführerisch vor ihm liegen, ganz alleine für sich haben. Den Bauch voller Schokolade, den Mund voll Kaugummi, „dann", so denkt Emil, „bin ich glücklich wie im Schlaraffenland".

Was will Emil nur haben? Was fehlt ihm? Die Eltern machen es sich leicht. Sie sagen: Emil ist ein Dieb und basta. Eine harte Strafe, ein kräftiger Denkzettel, und das Thema ist erledigt. So wurden bei Emil zu Hause schon viele Themen erledigt.

Wenn Kinder klauen, und das sind zu Emils Beruhigung eine ganze Menge auf dieser Welt, dann hat das andere Gründe. Diese Gründe, so sagen die Psychologen, muß man herausfinden im gemeinsamen Gespräch mit den Kindern und den Eltern. Denn irgend etwas scheint doch den Kindern zu fehlen, was sie sich dann woanders klauen oder kaufen wollen. Emil geht immer dann klauen, wenn er sich geärgert hat oder wenn er denkt, daß ihn sowieso keiner mag. Jetzt sagen seine Eltern auch noch zu allem Unglück, er sei ein Dieb. Und wer kann einen Dieb schon mögen? Klauen wird Emil ganz bestimmt nicht mehr, nach diesem Schock im Kaufhaus. Jetzt schluckt er anstatt der vielen Schokolade seinen Ärger runter. Wenn es doch nur einen Menschen gäbe, der Emil helfen könnte.

# „Mit meinen Eltern kann ich nicht reden“

## Ersatzheimat für junge Ausreißer

Zu Hause stinkt es mir gewaltig, ich haue ab. Solche Gedanken gehen sicher jedem Mädchen und Jungen mindestens einmal im Leben durch den Kopf, und dann brennen sie Gott sei Dank doch nicht durch, weil das Problem zu lösen war. Vielleicht ist es gelungen, mit Mutter, Vater, Freunden, Verwandten, Lehrern und so weiter ... ein gutes Gespräch zu führen, so daß sich der Knoten in der Seele wieder auflösen konnte. Ein Glück für jeden, der die Erfahrung machen darf, daß Probleme sich klären lassen. Ein Unglück für alle die Kinder, die viele, viele Probleme und Sorgen haben – und niemanden, mit dem sie darüber sprechen können. Oft ist es so, daß sich dann zu Hause ein solcher Berg an Kummer anhäuft, daß den Mädchen und Jungen eines Tages „die Birne durchbrennt", und dann sind sie verschwunden. Nur weg von hier, denken sie und rennen und rennen ziellos irgendwohin. Auf Bahnhöfen, an Straßenrändern, nachts irgendwo auf einer Bank werden die Kinder und Jugendlichen dann aufgegriffen – und dann steht die Frage im Raum, wohin mit ihnen.

In Münster gibt es seit ein paar Jahren eine Anlaufstelle für Ausreißer, wo die Kinder und Jugendlichen erst einmal verschnaufen dürfen, da kommt keine Polizei, kein Mitarbeiter vom Jugendamt, und die Eltern haben auch keinen Zutritt. Das Wohl der Ausreißer steht an erster Stelle. Sie sollen die Möglichkeit haben, in Ruhe darüber nachzudenken, was sie für sich am meisten wünschen. Eine Lösung kann es da nicht immer geben. Die meisten Kinder wollen wieder nach Hause und von den Eltern verstanden und aufgenommen werden. Doch das ist oft leider nur ein Traum. Die Kinder alleine können nichts bewirken, wenn die Eltern nicht auch bereit sind, ihr eigenes Verhalten zu verändern.

Doch manchmal erleben die Kinder, die bei Christoph Kaute (von dem wir in unserer Geschichte berichten) in Münster unterschlüpfen, etwas ganz Neues: Sie werden verstanden, sie dürfen reden, sie werden angenommen, so, wie sie sind. Das ist ein kleiner Trost in dem oft trostlosen Leben jugendlicher Ausreißer. Es hilft ihnen, zumindest für kurze Zeit, über die Runden. Ein Happy-End, so wie Kinder sich das gerne wünschen, mit einem liebevollen Elternhaus, mit Verständnis und Geborgenheit, gibt es für sie leider nicht immer.

Wir hätten auch gerne ein Happy-End geschrieben, aber das Problem der jugendlichen Ausreißer ist uns zu ernst, und wir wollen nicht beruhigen und irgendwelche Geschichten erfinden, die den betroffenen Jungen und Mädchen nicht gerecht werden. Es gibt sie nämlich wirklich, die Ausreißer.

## Seelische Kältekammer

Eines Tages saß Rolf in der Schule, und plötzlich graute ihm davor, nach Hause zu gehen. Und als die letzte Stunde zu Ende war, da hatte er beschlossen: Ich haue ab! Die Lehrerin wußte Bescheid. Rolf hatte ihr gesagt: „Ich geh' nicht mehr nach Hause." Das hat er schon einmal gemacht. Damals hatte Rolf die Nase voll und ging freiwillig in ein Heim. „Dort ist es allemal besser als zu Hause", sagte er sich.

Diesmal ist Rolf nicht in ein Heim gegangen, er wohnt bei Christoph, da kann er sich erst einmal überlegen, was nun mit ihm geschehen soll. Christoph Kaute wohnt in Münster. Er war lange Zeit ein Geheimtip für alle jugendlichen Ausreißer in der gesamten Bundesrepublik. Zu ihm sind sie gekommen, wenn es in der Familie oder im Heim nicht mehr auszuhalten war. Zum Beispiel Benni (die Namen wurden in dieser Geschichte geändert). Benni ist heute 17 Jahre alt. Er weiß, was es heißt, in Heimen zu leben. Benni ist immer wieder durchgebrannt – und dann passierte immer wieder dasselbe. Irgendwo in irgendeiner Stadt an irgendeinem Bahnhof griff ihn die Polizei auf und brachte ihn zurück ins Heim.

Benni hat sieben Geschwister. Er liebt sie, vor allem die Kleinen, sagt er, doch nach Hause zu seiner Mutter will er nicht mehr. „Sie haben mich in ein Heim gesteckt, da war ich acht Jahre alt. Und dort hat mich keiner besucht." Wenn Benni bei seiner Mutter war, wollte er herausfinden, warum gerade er von zu Hause wegmußte. „Liebst du mich", hatte er sie eines Tages gefragt. „Nein", hatte sie geantwortet. „Da geht es dir tierisch schlecht, wenn du das hörst", sagt Benni.

Benni kennt das Leben auf der Straße, er kennt als Ausreißer alle Gefahren. Ausreißer wissen, daß die Straße ihre eigenen Gesetze hat. „Du darfst dich nie an eine Clique ranhängen", sagt Benni, „die haben Angst, daß du dich in ihr Revier einmischst. Du darfst dich nicht anquatschen lassen auf den Bahnhöfen, die haben oft Rauschgift oder andere schlimme Sachen mit dir vor. Du mußt beim Trampen genau hingucken, bei wem du ins Auto steigst ..."

Ausreißen müssen Kinder und Jugendliche, weil sie nirgendwo eine Heimat finden. Benni zum Beispiel will unbedingt einmal heiraten, und er weiß genau: „Das Letzte, was ich tun würde, wäre, mein Kind in ein Heim zu geben." Und Rolf weiß, daß er jetzt wahrscheinlich bald wieder in ein Heim gehen muß. Es gibt auch Heime, sagt er, da quälst du dich nicht so ab wie zu Hause. Aber sein Wunsch ist es, zu Hause leben zu dürfen. „Doch daraus wird nichts", sagt Rolf traurig, „mit meinen Eltern kann ich nicht reden. Sie verlangen von mir, daß ich mich ändern soll, aber ich kann mich nicht alleine ändern, sie müßten auch etwas anders machen."

„Mit meinen Eltern kann ich nicht reden." Diesen Satz hört man immer wieder von Kindern und Jugendlichen, die von zu Hause abgehauen sind. Am Anfang sind die Eltern erschrocken, wenn die Kinder nach der Schule einfach nicht mehr wiederkommen. Dann machen sie noch alle möglichen Versprechungen – und kaum sind die Kinder wieder zu Hause, geht der ganze Zirkus von vorne los. Mit Christoph kann man reden. „Der hört uns zu, der schreibt uns nicht vor, was wir jetzt zu tun und zu lassen haben, der nimmt uns ernst. Mit dem können wir in aller Ruhe überlegen, wie es mit uns weitergehen soll." Christoph ist ein komischer Kauz. Ein absolut liebenswerter Mensch, der sich nicht auf der Nase herumtanzen läßt.

Begonnen hat für Christoph alles zufällig. Eines Tages, das ist jetzt ungefähr acht Jahre her, er hatte in Münster einen Töpferkursus gegeben, da stand ein Jugendlicher aus diesem Kursus vor seiner Tür, der Vater hatte ihn zusammengeschlagen. Er wollte nicht mehr nach Hause. Er hatte Angst. Christoph nahm ihn auf und übergab die Sache einem Sozialarbeiter. Für Christoph schien der Fall erst ein-

mal erledigt, doch ein paar Wochen später bimmelte es schon wieder an seiner Tür. Zwei jugendliche Ausreißer aus einem Erziehungsheim standen da und wollten nicht mehr zurück. Christophs Adresse hatte sich herumgesprochen. So begann er, sich mehr und mehr um das Schicksal der Ausreißer zu kümmern.

„Ich hab' dann mitbekommen," erzählt Christoph, „daß Ausreißer in dieser Gesellschaft überhaupt keine Fürsprecher haben." – Und dann gab Christoph eine Anzeige auf, in der er Mitarbeiter suchte, um eine Anlaufstelle für Ausreißer aufzubauen. In seiner Wohnung räumte er ein Zimmer, dort finden Ausreißer einen Platz zum Verschnaufen. Christoph büffelte hart. Er studierte Sozialpädagogik und arbeitete sich in die Gesetzestexte ein, damit ihm keine Polizei, keine Jugendbehörde und auch keine Heimaufsicht an den Karren fahren kann. Denn bei Christoph hat auch die Polizei erst einmal keinen Zutritt. Die Ausreißer werden von ihm vor jeglicher Behörde beschützt.

Der Kinderschutzbund fand schnell heraus, daß Christoph mit einer Handvoll Mitarbeitern eine tolle Jugendarbeit auf die Beine gestellt hatte. Es ist kaum zu glauben: Jährlich machen fast 90 Ausreißer bei ihm Station. Auch die Polizei hat mittlerweile erkannt, daß die Ausreißer bei Christoph gut untergebracht sind, daß die Mühlen der Bürokratie hier erst einmal anhalten müssen. Denn Christophs Wohnung ist ein unantastbarer Schonraum für die Kinder und Jugendlichen. Hier dürfen sie sich erst einmal ausruhen und in Ruhe überlegen, wohin sie gehen wollen: in ein Heim oder wieder nach Hause? Doch die Bürde der Verantwortung lastet nicht allein auf Christophs Schultern. Er will, daß die Jugendlichen selbst Verantwortung für sich übernehmen, und wenn sie es wollen, stehen auch andere Menschen zur Verfügung, mit denen sie sprechen können. Manchmal nehmen sogar die Eltern Kontakt mit Christoph auf. Christoph ist zwar parteiisch, er steht auf der Seite der Ausreißer, doch es geht ihm nie darum, den Eltern die Schuld in die Schuhe zu schieben. Er wünscht sich, daß die Kinder und die Eltern wieder miteinander ins Gespräch kommen. „Manchmal", sagt Christoph, „sehe ich bei den Eltern, daß sie selbst wie unglückliche Kinder leben, daß sie selbst die Liebe, die die Ausreißer so sehr vermissen, nie bekommen haben."

Niemand soll denken, daß Kinder nur aus den Familien abhauen, wo die Nachbarn gerne die Nase rümpfen und sagen: „Bei denen ging ja schon immer alles drunter und drüber." Daß Kinder nicht geliebt werden, daß sie geprügelt und mißhandelt werden, daß sie Leistungen bringen müssen, die einzig und allein die Eltern befriedigen, daß sie seelisch zu Hause in einer Kältekammer leben, das alles kommt in den feinsten Familien vor. „Sie können es", so Christoph, „nur besser vertuschen." Der Christoph ist wirklich ein komischer Kauz. Wie hält er das nur aus, soviel Not und Elend bei so vielen Kindern und Jugendlichen tagtäglich sehen zu müssen? Da guckt er mit seinen lieben Augen durch seine kleine runde Brille und sagt ganz cool: „Manchmal haue ich hier ab und besuche ein paar Freunde. Dort tanke ich Energie und Hoffnung für mich auf.“ Aha: Der Christoph ist also auch ein Ausreißer. Deshalb weiß er so gut Bescheid.

# Niemand wußte etwas von Herrn S.

## Brücken bauen zwischen Alt und Jung

Irgendwie ist es manchmal eine verdrehte Welt. Die Alten sagen, daß sie die Jungen nicht verstehen, und die Jungen sagen, daß sie die Alten nicht begreifen. Die Alten sagen: Ihr habt ja keine Erfahrung, warum hört Ihr nicht auf uns, wir wissen es doch besser – und die Jungen sagen: Wir wollen aber selbst unsere Erfahrungen machen, schreibt uns doch nicht immer alles vor! – Und schon ist der Krach da. Warum verstehen sich junge und alte Menschen oft so schlecht?

Gewiß, die alten Menschen haben es nicht einfach in unserer Gesellschaft: Das Leben ist hektisch und laut, da könnte ein alter Mensch schnell auf die Idee kommen, daß da kein Platz mehr für ihn ist. Doch andererseits ziehen sich alte Menschen häufig stumm in die Einsamkeit zurück und verlieren so jeden Kontakt zur Außenwelt. Dabei gibt es eine Menge Möglichkeiten, auch im Alter fit und fröhlich zu bleiben.

Eine Frau hat einmal in einem Buch geschrieben, daß das schönste Gesicht das Gesicht eines alten Menschen ist, weil jede Falte ihre ganz besondere Geschichte hat. Wir leben in einer Gesellschaft, in der nur die Jugend als Schönheit dargestellt wird. Das ist eine Riesendummheit. Und dann heißt es, daß alte Leute immer so unfreundlich und verbittert seien. Auch das ist eine Lüge. Muffig und schlecht gelaunt sind auch junge Leute oft genug.

Ein Professor von der Frankfurter Alten-Universität (was das ist, steht in der Geschichte „Jeder war doch auch mal jung") hat einmal gesagt, wenn sich die Jungen und die Alten einmal trauen, einfach miteinander zu quatschen, ohne Angst und Vorurteile, dann könnten daraus sogar richtige Freundschaften entstehen.

## „Lumpenpack, Mistkäfer!"

Peng! Das hat gekracht. Simons Kopf läuft rot an, und sein Herz schlägt ihm fast bis zum Halse. Die anderen Kinder sind längst abgehauen: nur Simon steht da wie angewurzelt. Auf den Millimeter genau hat sein Fußball die kleine Scheibe in Herrn Schumachers Haustür getroffen, und gleich wird es losgehen, das fürchterliche Donnerwetter. Simon und die anderen Kinder kennen es schon. Wutschnaubend wird Herr Schumacher die Tür aufreißen, die eine Hand zur Faust geballt, und mit der anderen Hand fährt er sich über den Kopf, je lauter er schreit, desto schneller streicht er sich die Haare hinters Ohr. Und Ausdrücke kennt Herr Schumacher: Lumpenpack, Schweinegesindel, Hundesöhne, Mistkäfer ... und noch viel Schlimmeres war schon von ihm zu hören.

Nein, er mochte die Kinder nicht und die Kinder mochten ihn nicht. Seit Jahren waren sie Feinde. „Mecker-Opi", schrie der kleine Hannes, wenn er Herrn Schumacher von weitem sah, oller Miesepeter und Schrumpfkopp schrien die Großen. Jetzt stand Simon da wie in einem Western und wartete auf das Duell mit Herrn Schumacher in der heißen Mittagssonne. Doch der kam nicht. Die Tür blieb verschlossen, kein Gepolter auf der Treppe, und das Loch im Glasfenster schaute Simon stumm an.

Allmählich krochen auch die anderen aus dem Gebüsch. „Wo bleibt der Alte denn?" fragten sie leise und schauten mißtrauisch an der Hauswand empor. Nichts rührte sich. Die Gardinen hinter den Fenstern blieben ganz ruhig. „He, Schumacher, komm runter", rief Henning, das Großmaul aus der Straße, „wir haben dir ein Loch verpaßt". Doch Schumacher rührte sich nicht.

Drei Tage später stand ein großer brauner Lastwagen vor Herrn Schumachers Haus. Irgendein Mann im blauen Kittel und mit dicken Muskeln an den Armen schoß Simon den Fußball über die Treppe zu. Und dann trugen die Möbelpacker Tische, Stühle, Lampen, Betten und ein Sofa aus Herrn Schumachers Wohnung. „Was ist denn hier los?“ brüllte Henning. „Will der alte Schumacher mit seinen 78 Jahren etwa noch umziehen?“ „Der ist schon umgezogen“, spottete der dicke Möbelpacker, „der wohnt jetzt auf dem Friedhof. Habt ihr nicht mitgekriegt, daß der schon vor drei Wochen gestorben ist?“

Nein! Das hatten die Kinder nicht gemerkt. Und auch die Erwachsenen in der Straße hatten nichts davon mitgekriegt. Obwohl die Kinder Herrn Schumacher nicht leiden konnten, wurde ihnen plötzlich ganz flau im Magen. Simon nahm seinen Ball und schlich mit gesenktem Kopf nach Hause. In seinem Zimmer vergoß er ein paar Tränen, und abends sagte er ganz leise am Tisch zu seinen Eltern: „Der olle Schumacher ist tot, und er hat uns nichts gesagt, ist einfach so abgehauen.“

Auch die Eltern schauten sich stumm an. Niemand wußte etwas von Herrn Schumacher. Seit dem Tod seiner Frau lebte er ganz alleine in der Wohnung, keiner hatte jemals mit ihm gesprochen. „Manchmal“, so sagte Simons Mutter jetzt mit ganz bitterer Miene, „sterben alte Menschen und liegen wochenlang in ihrer Wohnung, und niemand vermißt sie. Der Briefträger merkt vielleicht nach ein paar Wochen, daß keiner die Post aus dem Briefkasten holt, oder der Mann von den Stadtwerken will den Strom ablesen und riecht plötzlich so einen seltsamen Leichengeruch im Treppenhaus.

Simon kann die Geschichte seiner Mutter nicht glauben. „Haben die denn keine Kinder oder Freunde?“ „Man weiß es nicht“, sagte seine Mutter. „Viele alte Menschen sind körperlich nicht mehr so beweglich oder auch krank, und dann haben sie oft nur wenig Geld zum Leben, und weil die Menschen einsam sind, werden sie unglücklich, manchmal so mäkelig wie Herr Schumacher, und sie ziehen sich

immer mehr von der Welt und von den Menschen ihrer Umgebung zurück." „So ein Quatsch", sagt Simon, „das macht die alten Leute doch nur noch unglücklicher." „Ja sicher", bestätigt die Mutter, und dann erklärt sie Simon, daß alte Menschen eigentlich ähnlich wie die Kinder auch gar nicht so wichtig genommen werden in unserer Gesellschaft. Alte Menschen verdienen kein Geld mehr, sie sind langsamer als all die anderen, man muß Rücksicht auf sie nehmen, und oft sind sie wirklich auch ein bißchen wunderlich, weil sie die moderne Welt mit ihren ständig neuen Erfindungen nicht mehr verstehen.

„Aber der Jonas aus meiner Klasse", strahlt Simon, „der hat einen Opa, der geht mit ihm schwimmen und hat sogar ein kleines Computerprogramm entwickelt." Und dann hat Simon eine tolle Idee. „Wenn ich mal alt bin", sagt er, „dann kaufe ich ein großes Haus, und dorthin sollen alle alten Menschen kommen, die sich einsam fühlen. Wir feiern Feten, spielen Fußball, gehen zusammen ins Kino, und wenn die jungen Leute nicht nett zu uns sind, dann machen wir eine Riesendemonstration durch die ganze Stadt bis zum Rathaus."

Simons Mutter lacht: „Da bist du nicht der erste, der so eine Idee hat. Es gibt alte Menschen in vielen Städten der Bundesrepublik, die machen tüchtig Rabatz, um auf ihre Situation in unserer Gesellschaft aufmerksam zu machen. Und weißt du, wie die heißen?" Simon errät es nie. „Es sind die grauen Panther, heute nennen sie sich die Grauen." Simon schreit: „Super, warum war Herr Schumacher nicht auch dabei?" „Vielleicht hat er nichts davon gewußt, vielleicht auch war er schon so einsam und unglücklich, daß er keinen Mut mehr hatte, einfach neue Menschen anzuquatschen und eine Freundschaft anzuknüpfen." „Das Dümmste, was ein Mensch sagen kann", sagt Simons Mutter, „ist der Satz: Dazu bin ich schon zu alt. Für Freundschaft und Freude am Leben ist man nie zu alt. Meine Großmutter, die hat mit 64 Jahren einen Mann geheiratet, der war 72, und bei der Hochzeit haben sie getanzt wie zwei verliebte Turteltauben", lacht die Mutter. „Und wir haben drumherumgesessen und uns steinalt gefühlt."

Simon will wissen, wo sich die Großtante und der Großonkel kennengelernt haben. „In der Universität", antwortet die Mutter. „Das ist doch dann schon über vierzig Jahre her", rechnet Simon flink im Kopf. „Nein, hier in unserer Stadt gibt es eine Universität extra für alte Menschen. Und das Programm ist so interessant, daß da eine Menge junger Studenten mit den alten Leuten zusammen die Schulbank drücken. So lernen die Generationen voneinander, und alle wundern sich, daß es so einfach ist, die Probleme der jungen Menschen und die Probleme der alten Menschen gemeinsam zu verstehen."

„Aber du willst doch wirklich nicht behaupten, daß alle alten Leute nett sind", empört sich Simon jetzt über seine Mutter. Immerhin ist er schon oft genug beim Einkaufen und in der Straßenbahn angemuffelt worden. „Nein", antwortet die Mutter, „alte Menschen haben oft große Probleme, und weil sie nicht darüber nachdenken wollen oder weil sie sich in ihrem Alter nicht mehr eingestehen können, daß auch sie sich irren, schieben sie es immer auf die Jugend, und dann sagen sie: „Die Jugend von heute ist schlecht, früher war alles ganz anders."

Simon denkt jetzt an Herrn Schumacher. Das war auch so einer. Der war sicherlich nicht glücklich. Er war einsam und saß immer in seiner Wohnung, und seine schlechte Laune hat er an den Kindern ausgelassen. Hundesöhne und Saupack hat er gerufen. Nein, Simon hat überhaupt kein schlechtes Gewissen Herrn Schumacher gegenüber. Doch dann sagt er nachdenklich: „Es hätte ja auch alles ganz anders kommen können mit Herrn Schumacher und den Kindern hier in der Straße. Er hätte ja nur einmal ein nettes Wort zu uns sagen brauchen, ich hätte ihm gerne seine Brötchen zum Frühstück vorbeigebracht."

# Jeder war doch auch mal jung

## Wer weiß, wie's alten Leuten geht?

In Spanien gibt es ein Sprichwort, das heißt: Willst du alt werden, muß du beizeiten anfangen. Es ist noch nicht lange her, da war es selbstverständlich, daß Großeltern, Eltern und Enkelkinder alle zusammen unter einem Dach wohnten. Da saßen alt und jung täglich beieinander und wußten um die sorgenvollen und freudvollen Erlebnisse des Alltags.

Mittlerweile haben sich die Zeiten geändert. Alt und jung unter einem Dach, das tut nicht gut, heißt es heute. So leben die alten Menschen meistens für sich, und die jungen machen es ebenso – und keiner weiß so recht, wie es dem anderen wohl gehen mag. Das führt dann oft zu Mißverständnissen: Die Alten schütteln den Kopf über die Jugend und umgekehrt. Dabei ist es doch eine ganz einfache Rechnung, daß jeder alte Mensch einmal jung war und jeder junge Mensch einmal alt wird.

## Wie ein beschriebenes Blatt

Als ich neun Jahre alt war, zählte meine Großmutter 71 Jahre. Die Zeitspanne zwischen ihrem und meinem Alter kam mir damals riesig vor. Mittlerweile sind 25 Jahre vergangen. Meine Großmutter lebt schon lange nicht mehr – und für mich vergingen die Jahre wie im Fluge. Dennoch – ich möchte keinen Tag jünger sein. So weit ich zurückdenken kann, erinnere ich mich gerne an alles, was ich bisher erlebt habe. Selbst die schrecklichsten Ereignisse, die mich damals bedrückt, richtig traurig und mutlos gemacht haben, sind mir heute wichtig. Aus meinen Problemen – die ja oft schon in der Kindheit beginnen – konnte ich eine Menge lernen. Die alten Fehler brauchte ich nicht unbedingt zu wiederholen, dafür mache ich heute neue, andere Fehler, aus denen ich dann wieder lernen kann, und so geht es weiter bis in hohe Alter.

Je älter ein Mensch wird, desto mehr fügen sich die Ereignisse, die er erlebt hat, zu einem Ganzen zusammen, desto lebendiger wird seine Vergangenheit. Und seine Erlebnisse gehören ihm ganz allein, es ist sein Leben, worauf er zurückblickt, es sind seine Erinnerungen, die ihm niemand mehr nehmen kann. Also stimmt es doch, was so große Denker wie die Philosophen in ihren Büchern geschrieben haben: Jeder Mensch ist einzigartig, eine Welt für sich, die sich nicht einfach durch einen anderen Menschen ersetzen läßt. Das ist eine schöne Gewißheit.

Ach ja, einen Großvater hatte ich auch. Den habe ich sehr geliebt. Der spielte mit uns Verstecken, klaute zum Ärger meiner Großmutter die Mohrrüben mit uns aus dem Garten, und oft erzählte er uns Geschichten aus seinem Leben. Dabei konnte ich stundenlang zuhören. Mittlerweile lebt auch mein Großvater nicht mehr. Doch er hatte das Glück, daß er bei seinen Kindern und Enkelkindern alt werden und später sterben konnte. Er war nie allein.

Heute ist das anders. Die meisten alten Menschen leben alleine in einer Wohnung für sich. Viele haben niemanden, mit dem sie sprechen können, sie müssen auch ihre Erinnerungen ganz für sich behalten, weil ihnen keiner zuhört. Hinzu kommt oft noch, daß der Lebensunterhalt, die Rente, kaum ausreicht für das Notwendigste. Ein alter Mann klagte kürzlich darüber, daß es für ihn eine bittere Erfahrung ist, daß die Menschen gar keine Zeit mehr hätten zuzuhören. Alte Menschen sprechen und bewegen sich langsamer, sie brauchen oft längere Zeit zum Nachdenken, und der Körper hat nicht mehr so viel Kraft wie früher. Wenn sie dann spüren, daß die Umwelt ungeduldig oder uninteressiert auf sie reagiert, ziehen sie sich zurück – und werden manchmal sogar ein wenig sonderlich.

Ein chinesisches Sprichwort sagt: Lebt in deiner Familie ein alter Mensch, so besitzt du ein Juwel. In China ist es auch heute noch so, daß alte Menschen in die Schulen zu den Jüngeren gehen und aus ihrem Leben erzählen. Und die Jüngeren wiederum erzählen den Alten, was es in ihrer Generation an neuen Entdeckungen, Problemen und Freuden gibt. So lernen jung und alt voneinander.

In einer achten Schulklasse fragte die Lehrerin, welche Eigenschaften den Kindern einfallen, wenn sie an alte Menschen denken. Und die meisten Schüler entwarfen ein sehr unfreundliches Bild: mürrisch, häßlich, launisch, schrieben sie in ihr Heft.

Und dann gibt es ja noch so eine flotte Redewendung, die häufig dann benutzt wird, wenn etwas schiefgegangen ist: Jetzt siehst du aber ganz schön alt aus, heißt es. Derartige Verallgemeinerungen werden dem alten Menschen sicher nicht gerecht. Wer sich einmal die Mühe macht, das Alter zu entdecken, der findet eine ganze Menge interessante, liebenswert alte Männer und Frauen. Eine berühmte Dichterin schrieb: Das Gesicht eines alten Menschen ist wie ein beschriebenes Blatt. Darin läßt sich die Erfahrung und

Weisheit eines ganzen Lebens ablesen. Das ist zum Beispiel die schöne Seite des Älterwerdens.

Alte Menschen sagen oft, daß sie ruhiger werden, daß sie nicht mehr das Gefühl haben, immer etwas machen zu müssen, oder etwas zu versäumen. Sie freuen sich an Dingen, die Jüngere kaum bemerken, weil sie stets zu beschäftigt sind. Sie fühlen sich oft sogar freier. Nach der Arbeit eines ganzen Lebens können sie nun endlich das tun, was sie für sich immer schon tun wollten.

In der Frankfurter Universität zum Beispiel gibt es eine Abteilung, extra für alte Menschen. Da kommen dann die Männer und Frauen hin und lernen wieder miteinander. Sie berichten aus ihrem Leben und teilen sich auch die Sorgen mit, die ihnen das Alter beschert. Immer mehr junge Studenten nehmen an solchen Seminaren teil – und der gegenseitige Gedankenaustausch macht allen Spaß. Und dann gibt es ja auch noch die „Grauen Panther" oder „Die Grauen". Das ist eine sehr kämpferische Vereinigung alter Menschen. Sie kümmert sich um gemeinsame Wohnungen, diskutiert mit Politikern über die Renten, besucht Gleichaltrige in den Altersheimen und richtet gemütliche Treffpunkte ein. Wichtig ist ihnen auch, daß sie die Verbindung zu den jungen Leuten nicht verlieren, damit sie verstehen, warum sich ein Punker die Haare buntfärbt oder ein Umweltschützer gegen Atomkraftwerke protestiert. In Bremen haben sich ältere Frauen zu einem „Oma-Dienst" zusammengefunden. Immer dann, wenn in einer Familie die Mutter ausfällt – wegen Krankheit oder Berufstätigkeit –, springen sie hilfsbereit ein. Und so haben sie stets etwas zu tun.

Dennoch gibt es viele alte Menschen, die sich zu solchen Aktivitäten nicht trauen, die alleine bleiben und unter ihrer Einsamkeit leiden. Häufig sind sie krank und körperlich nicht mehr in der Lage, nach draußen zu gehen. Eine alte Frau sagte einmal, daß es für sie das Schönste im Alter sei, daß sie Freunde hat, mit denen sie sprechen kann, und daß sie sich ihr Leben lang um diese Freundschaften bemüht habe. Überhaupt, sagte sie, sei es wichtig, schon in jungen Jahren daran zu denken, daß jeder Mensch einmal älter wird. Auf das Alter sollte man sich rechtzeitig vorbereiten.

Aber was hat einer in seinen jungen Jahren denn mit dem Alter zu tun? Natürlich kann er nicht schon jetzt daran denken, wie in vierzig oder sechzig Jahren sein Lebensabend aussehen wird. Doch wenn er sich einmal vornimmt, den alten Menschen mit seinen schönen – und manchmal auch schwierigen Seiten zu sehen, dann könnte das schon die erste eigene Erfahrung mit dem Älterwerden sein.

# Dann hab' ich eben eine Fünf …

## Mit Angst im Herzen kann niemand lernen

Für manche Kinder wird die Schule wegen der Klassenarbeiten und der Zensuren regelmäßig zum Alptraum. Wer nicht mitkommt, ist verloren. Die Lehrer können nur eine kurze Zeit auf die „Bummler", wie sie sagen, Rücksicht nehmen. Doch dann müssen sie ihre Lehrpläne erfüllen. Für die Kinder heißt das, immer sehen, daß die Noten nicht unter eine Vier rutschen.

Doch Kinder haben, wie Erwachsene übrigens auch, mal gute und mal schlechte Noten. Der Roland zum Beispiel, von dem wir erzählen, hat zur Zeit so ein Pech. Er verhaut jede Mathearbeit. Die Eltern haben kein Verständnis dafür, sie fürchten, daß er sitzenbleiben könnte oder nicht zur höheren Schule gehen darf. Sie schimpfen nur noch mit Roland, und der fühlt sich ganz hilflos. Die Erwachsenen zu Hause und die Lehrer in der Schule sagen immer nur: Du mußt besser werden. Roland ist voller Angst, und mit Angst kann kein Mensch einen klaren Gedanken fassen.

Zum Glück hat er einen Freund, der ihm hilft. Und solche Freunde sind selten. Denn schon in der Schule führen die Schüler untereinander einen regelrechten Konkurrenzkampf. Jeder guckt nur, daß er selbst gute Noten schreibt, die anderen sind ihm egal. Die Erwachsenen meinen, daß die Kinder heute viel mehr Streß in der Schule haben als früher. Wer da nicht mitkommt, steht abseits.

Da gibt's doch nur eins: Die Kinder müssen sich zusammentun und gegenseitig Mut machen und helfen. Denn so, wie es heute Roland geht, kann es einem anderen Schüler schon morgen gehen.

## Schwarzer Donnerstag

Roland ist fix und fertig mit den Nerven. In einer Woche, so sagt er, ist sein schwärzester Tag. Und das ist schrecklich, denn solche schwarzen Tage gibt es viele in Rolands jungem Leben. Was ist nur los an diesem „schwarzen Donnerstag“? Roland schreibt eine Klassenarbeit. „Mensch, Mathe“, brüllt sein Vater, „komm mir bloß nicht wieder mit 'ner Fünf nach Hause, dann setzt's was!“

Roland wird blaß. Die letzten beiden Mathearbeiten hat er schon verhauen. Dabei hat ihm gerade Mathe früher so viel Spaß gemacht. Doch vor ein paar Monaten hat es bei ihm ausgesetzt. Er kapiert das alles nicht mehr so richtig. Zu Hause paukt Roland oft stundenlang. Da bleibt ihm kaum noch Zeit zum Spielen. Sein Fußballverein ist schon ganz sauer auf ihn. Das Training kann er bald an den Nagel hängen. Manchmal kommt sein Freund Stefan vorbei, der hilft ihm dann bei den Schularbeiten. Doch am nächsten Tag sind die Zahlen aus seinem Kopf alle wieder wie weggeblasen.

Roland geht in die vierte Klasse. Seine Eltern wollen unbedingt, daß er nach der Grundschule das städtische Gymnasium besucht. „Doch mit den Noten“, schreit sein Vater, „kann aus dir nichts werden. Höchstens so ein kleiner Büroangestellter wie ich einer bin. Du solltest es halt mal besser haben. Aber du willst ja nicht. Bilde dir bloß nicht ein, daß ich für dich auch noch Nachhilfestunden bezahle ...“

Nicht nur der Donnerstag ist schwarz, Roland sieht auch für seine Zukunft schwarz. Seine Eltern erzählen ihm immer, daß es sowieso keine Lehrstellen gibt, er müßte schon ein tolles Abitur machen und ein Hochschulstudium, sonst hätte er keine Chance. Dabei ist Roland erst elf Jahre alt, warum machen seine Eltern ihn jetzt schon ganz verrückt?

Sein Freund Stefan hat es da viel besser. Er ist nicht gerade der Beste in der Klasse. Aber seine Eltern machen auch nicht so ein Drama aus jeder Note, die schlechter ist als Drei. Die Mutter hat sogar schon einmal zu Stefan gesagt: „Mach dir keine Sorgen, wenn es sein muß, dann wiederholst du eben die Klasse. Irgendeinen Weg werden wir schon finden."

Stefan zittert auch nicht so wie Roland vor jeder Klassenarbeit. In der Nacht vom Mittwoch auf Donnerstag wird er bestimmt wieder kein Auge zumachen. Und dann sitzt er am nächsten Tag vor seinem Matheheft und versteht nur noch Bahnhof. Roland kennt dieses Gefühl ja mittlerweile schon ganz gut. Die Angst, daß ihm nichts mehr einfallen könnte, schnürt ihm die Luft ab, und dann passiert das Schreckliche tatsächlich: Sein Kopf ist so leer wie seine Spardose zu Hause. Dabei ist Rolands Lehrer ganz nett. Er sagt immer zu ihm: „Rechne erst mal die Matheaufgabe durch, die dir am leichtesten fällt. Dann bekommst du Mut und schaffst vielleicht auch noch die nächste."

Roland hat keinen Mut. Den ganzen Tag zuvor hat er gepaukt, sein Kopf raucht wie ein Schornstein. Nun ist alles weg. Dabei bringt das nervöse Lernen einen Tag vor der Klassenarbeit gar nichts mehr. Stefan macht es immer anders. Er versucht, im Unterricht immer mitzuarbeiten, und er schämt sich auch nicht, dem Lehrer die gleiche Frage mehrmals zu stellen. Zu Hause macht er regelmäßig nach dem Mittagessen Schularbeiten, damit ihm Zeit zum Spielen bleibt. Vor jeder Klassenarbeit fängt er ein paar Tage vorher an zu üben. Er rechnet die Aufgaben aus seinem Heft noch mal durch, oder er paukt ein paar Vokabeln, und seine Mutter oder Freunde prüfen nach, ob alles stimmt. Irgendwie hat Stefan einen kühleren Kopf als Roland, und die Ruhe weg. Und das scheint ihm zu helfen. „Wenn ich so eine Angst hätte wie du", sagt Stefan, „dann könnte ich keinen klaren Gedanken zu Papier bringen."

Na ja, Stefan hat auch nicht so ein Theater zu Hause zu befürchten wie Roland. Es ist ja nicht die Fünf alleine, die ihn fertig macht. Da ist ja auch noch sein Vater. Einmal hat er schon daran gedacht, einfach zu schummeln. Da wollte er sich die Matheaufgaben innen auf die Hand schreiben. So ganz klein und kaum lesbar. Doch die Angst, beim Schummeln erwischt zu werden, war dann genauso schlimm wie die Angst vor einer schlechten Note.

Irgendwie braucht Roland wieder ein bißchen mehr Zutrauen zu sich selbst. Doch das ist leicht gesagt. Kürzlich hat er im Radio eine Sendung gehört, da wurde erzählt, daß es schon zahlreiche Kinder gibt, die vor der Klassenarbeit regelrecht Beruhigungstabletten schlucken müssen, damit sie nicht die Nerven verlieren. Und wenn es Zeugnisse gibt, ist es ganz aus. Manche Kinder möchten am liebsten aus Angst vor den Eltern von zu Hause abhauen. Der Schulpsychologe im Radio sagte auch, daß die Eltern den Kindern keine Vorwürfe machen sollen, wenn sie mal schlechte Zeiten in der Schule haben, denn die Angst vor den Eltern und vor den Zensuren hat noch keinen Schüler „besser" gemacht, im Gegenteil. Die Angst macht alles noch viel schlimmer.

Roland will sich jetzt selbst helfen. In der Schule paßt er noch besser auf als vorher, und zu Hause übt er regelmäßig die Rechenaufgaben, die er nicht verstanden hat. Stefan hilft ihm dabei. Außerdem will er auch wieder Fußball spielen. Ein bißchen Freude, sagte Roland, muß der Mensch haben. Die Schule kann einem doch nicht das ganze Leben vermiesen.

Die nächsten Monate werden für Roland hart. Er hat sich vorgenommen, alles in Mathe zu üben, was er versäumt hat. Und außerdem will er sich nicht mehr so verrückt machen einen Tag vor der Klassenarbeit. Stefan meint, daß ihm das bestimmt helfen wird. Vielleicht wird Roland die Mathearbeit am kommenden „schwarzen Donnerstag" noch einmal verhauen. „Na und", sagt Roland zu seinen Eltern, „dann habe ich eben eine Fünf." Doch schlechte Noten bedeuten noch lange nicht, daß Roland ein schlechter Kerl ist.

# Jeder kann vom anderen lernen

## Mit Behinderten in einer Schulbank

Kennt niemand in seiner Umgebung ein Kind, das behindert ist? Die meisten werden jetzt sicher sagen: nein. Das liegt daran, daß es bei uns immer noch üblich ist, behinderte Kinder schon in ganz jungen Jahren von nichtbehinderten Kindern zu trennen. Da gibt es eigene Kindergärten für behinderte Kinder und eigene Schulen. Durch diese Trennung entsteht dann der Eindruck, als gäbe es keine behinderten Menschen, weil man ihnen im Alltag nur selten begegnet.

Und es entsteht zusätzlich die Meinung oder das Vorurteil, daß ein behinderter Mensch etwas anderes ist, nicht so „normal" oder gar so „wertvoll". Solche Vorurteile entstehen eben deshalb, weil es keine Gelegenheit gibt, die betroffenen Menschen selbst kennenzulernen. Denn dann sähe vieles ganz anders aus. Mittlerweile gibt es schon Kindergärten und Schulen, in denen behinderte und nichtbehinderte Kinder gemeinsam miteinander spielen, lernen und aufwachsen.

Dabei stellte sich heraus, daß die Kinder untereinander überhaupt keine Probleme haben. Im Gegenteil: für die behinderten und nichtbehinderten Jungen und Mädchen sind die gemeinsamen Erfahrungen eine große Bereicherung. Schwierigkeiten scheinen da vielmehr die Erwachsenen zu haben. Einige erzählten, daß sie ängstlich seien im Umgang mit Behinderten, vorsichtig und zaghaft, weil die behinderten Menschen vieles nicht könnten.

Doch genau diese Vorsicht und zuweilen dieses Mitleid können behinderte Menschen gar nicht gebrauchen. Sie wollen nicht anders behandelt werden, sie brauchen das Vertrauen ihrer Umgebung, daß sie sich selbst helfen können. Und sie brauchen vor allem die Gewißheit, daß man sie nicht immer wieder abschiebt in eigene Kindergärten, in eigene Schulen und später in eigene Werkstätten. Nichtbehinderte Kinder, die mit behinderten Kindern im Kindergarten aufgewachsen sind, finden es selbstverständlich, daß sie auch gemeinsam zur Schule gehen. Doch viele Erwachsene sehen das anders.

## Voneinander, miteinander lernen

„Guck mal, der sieht aber komisch aus", schreit Eva durch die Straßenbahn, und ihre Mutter zischt ihr ein messerscharfes „Pssst" ins Ohr. „Aber wieso denn ...?" wehrt sich Eva und spürt im gleichen Moment Mutters Ellenbogen in ihren Rippen. „Zu Hause ...", flüstert die Mutter, und Eva bemerkt ihren hochroten Kopf dabei. Nun ist Eva endlich still, doch sie kann ihre Augen nicht von dem Jungen lassen, der „so komisch" aussieht.

Der Junge hat Evas Aufschrei wohl nicht bemerkt. Die ganze Zeit schaute er neugierig aus dem Fenster. Vielleicht hat er die Szene zwischen Eva und ihrer Mutter auch einfach nur überhört, vielleicht ist er es gewohnt, daß die Leute manchmal so auf ihn reagieren. Denn er sieht tatsächlich anders aus als die meisten Kinder, er ist ein Behinderter, in der Sprache der Mediziner ein Spastiker.

Zu Hause dann bei Eva geht das Donnerwetter los. Sie solle sich schämen, schreit die Mutter. Dieses arme Kind in der Straßenbahn. Und Eva solle froh sein, daß sie gesund sei und überhaupt, sowas tut man nicht ... Eva fühlt sich schlecht. Das wollte sie nun wirklich nicht, den Jungen kränken oder beleidigen. Sie war im ersten Moment in der Straßenbahn einfach ein bißchen erschrocken und erstaunt, weil sie so ein Kind noch nie gesehen hatte. Wohl schon mal einen älteren Mann im Rollstuhl, ihm fehlten beide Beine, und der Vater hatte ihr dann erklärt, daß das bestimmt vom Krieg kommt. Aber dieser Junge in der Straßenbahn, der ging Eva nicht mehr aus dem Kopf. Was hatte sie nur falsch gemacht? Könnte sie ihn doch nur noch einmal wiedersehen. Sie würde ihn anlächeln und mit ihm sprechen.

Dabei kann man Eva nun wirklich nicht vorwerfen, daß sie so erstaunt über den behinderten Jungen war. Neun Prozent aller Menschen in der Bundesrepublik, das heißt je neun von hundert, sind behindert. Es gibt geistige Behinderungen und körperliche Behinderungen. Doch nur selten bekommen wir einen solchen behinderten Menschen zu Gesicht. Meistens läuft das so: Wenn ein Kind geboren wird und die Ärzte feststellen, daß es behindert ist, sind oft die Eltern die einzigen Menschen, die sich die Pflege eines solchen Kindes teilen. Es braucht vielleicht viel mehr ärztliche Betreuung, oft sogar muß es schon in ganz jungen Jahren Wochen oder Monate im Krankenhaus bleiben, weil eine oder mehrere Operationen nötig sind. Manche Kinder benötigen die regelmäßige Hilfe von Therapeuten: das sind Leute, die mit den Kindern zum Beispiel das Sprechen üben, oder sie machen eine spezielle Gymnastik zur Stärkung der Muskulatur. Es gibt viele verschiedene Arten von Behinderungen, und jedes geistig oder körperlich behinderte Kind braucht für seine Entwicklung auch seine eigene Zeit. Da läuft es nicht so planmäßig wie bei einem sogenannten normalen Kind.

Nicht jeder behinderte Mensch kommt schon behindert zur Welt. Man kann auch durch eine Krankheit oder durch einen Unfall behindert werden. So war es zum Beispiel bei Birgit. Mit zwei Jahren erkrankte sie an Kinderlähmung. Nach einem langen Krankenhausaufenthalt kam sie wieder nach Hause zurück – im Rollstuhl. Birgit besuchte nie einen Kindergarten. Aber nachmittags kamen die Nachbarskinder zu ihr. Als sie älter waren, nahmen sie Birgit mit auf den Spielplatz, und sie erzählten und lachten mit ihr. Wenn die Jungen und Mädchen zusammen Fußball spielten, dann war immer einer da, der Birgit in einem Affentempo mit dem Rollstuhl hinter dem Ball her schob. Für Birgit war das eine glückliche Zeit. Auch die ersten Schuljahre verbrachte Birgit noch mit ihren Freunden. Doch dann kam ein Lehrer und riet den Eltern, Birgit in eine Schule mit anderen behinderten Kindern zu schicken, „weil man da mehr Rücksicht nimmt ...“

Von nun an wurde Birgit jeden Tag kilometerweit in die Sonderschule gebracht. Sie verlor den Kontakt zu ihren Freunden und wurde immer mutloser. Jeden Tag verbrachte sie in der gleichen Umgebung mit behinderten Kindern, und plötzlich merkte sie, daß sie anders war als die anderen, nicht „normal". Immer häufiger hörte sie den Satz: „Das kannst du doch nicht."

Vielen behinderten Menschen geht es so. Weil die anderen sagen: Das kannst du nicht, werden sie erst recht behindert, werden sie zu Außenseitern abgestempelt, dürfen sie nicht mehr mitmachen. Mit drei Jahren kommen sie in einen Kindergarten für Behinderte, weil sie nicht das können, was die anderen schon können. Mit sechs Jahren kommen sie in eine Schule für Behinderte, weil sie immer noch nicht das können, was die anderen können. Und nach der Schule geht es so weiter. Die Eva in der Straßenbahn hat schon recht, wenn sie sagt, daß sie so ein behindertes Kind noch nie gesehen hat, weder in ihrem Kindergarten noch in ihrer Schule.

Für die behinderten Menschen hat man in unserer Gesellschaft eine eigene Welt geschaffen, ziemlich abseits und am Rande, wo man sie nicht mehr sieht. Aber ob das so richtig ist, das bezweifeln immer mehr Eltern, Kindergärtner und Lehrer. In Bremen zum Beispiel gibt es eine Kindertagesstätte, in der behinderte und nichtbehinderte Kinder miteinander spielen und lernen. Erst vor kurzem schrieb der Elternbeirat dieser Kindertagesstätte an alle Schulen, daß es gar keinen vernünftigen Grund gibt, Kinder als „behindert" und „nichtbehindert" voneinander zu unterscheiden. In dieser Kindertagesstätte entwickelten sich sehr schnell ganz besondere Freundschaften. Die behinderten Kinder fühlten sich trotz ihrer Schwächen von den anderen Kindern anerkannt. Und weil keiner zu ihnen sagte: Das kannst du nicht, bekamen sie viel mehr Mut, sich an allem zu beteiligen. Das Lernen und das Spielen machten plötzlich viel mehr Spaß.

Auch außerhalb der Kindertagesstätte war das Leben schöner. Jetzt gehörten die Kinder eines Stadtteils zusammen, sie kannten sich, besuchten sich, egal, ob behindert oder nicht. Das Leben wurde einfacher und selbstverständlicher, auch für die Eltern. Die Pädagogen aus der Kindertagesstätte berichteten, daß die Kinder in kurzer Zeit erstaunlich viel gelernt hätten. Und das Lernen geschieht nicht einseitig. Auch die nichtbehinderten Kinder haben eine Menge Erfahrung gemacht. Zum Beispiel, daß es viele Wege und Möglichkeiten gibt, über die ein Mensch etwas lernen kann, und daß es viele Augenblicke gibt, in denen man aufeinander Rücksicht nehmen muß. Kinder, das schrieben auch die Eltern der Bremer Kindertagesstätte, sind da noch ganz anders als Erwachsene. Sie machen keinen Unterschied zwischen behindert und nichtbehindert. Sie haben auch kein Mitleid und sagen: „Der Arme, dem muß ich aber helfen." Für sie gibt es keine Sonderbehandlung, und genau das ist es, was sich viele Behinderte wünschen.

Doch wie wird es für die Kinder dieser Kindertagesstätte weitergehen? Eine Grundschullehrerin sagte kürzlich, daß jede Schulklasse ein kleines Ebenbild der Gesellschaft ist, und deshalb gehören auch behinderte Kinder in der Schule dazu. Leider jedoch ist das noch immer nicht selbstverständlich. Bisher gibt es in unserem Land nur vier Städte, in denen behinderte und nichtbehinderte Kinder gemeinsam die Schulbank drücken. Auch in diesen Schulen haben die Kinder den Erwachsenen bewiesen, daß das gemeinsame Lernen die behinderten und nichtbehinderten Kinder viel weiter bringt. Wenn diese Kinder eines Tages erwachsen sind, dann werden sie wissen, daß es ganz normal ist, daß es auf dieser Welt behinderte und nichtbehinderte Menschen gibt.

# Der Büchermann am Krankenbett

## Das fröhliche Krankenzimmer

Daniela sitzt unterm Tisch und weint. Das macht sie immer, wenn sie unglücklich ist. Nein – nicht immer, unter den Tisch krabbelt sie erst seit vier Monaten. Vorher suchte sie, wenn sie Kummer hatte, Zuflucht und Trost auf dem Schoß ihrer Mutter. Doch mit Mutter und Vater will sie nicht mehr viel zu tun haben, die haben sie bitter enttäuscht. Das Vertrauen scheint zerstört zu sein. Immer, wenn Daniela unter den Tisch krabbelt, möchte die Mutter am liebsten auch weinen, denn dann spürt sie, daß sie einfach keinen Weg zu ihrem Kind findet. Daniela ist verstört. Vor vier Monaten mußte sie plötzlich mit einer akuten Blinddarmentzündung ins Krankenhaus. Da gab es keine Zeit zum Überlegen. Eine Stunde, nachdem Daniela über starke Bauchschmerzen geklagt hatte, war sie auch schon in der Klinik. Am nächsten Morgen lag sie auf dem Operationstisch, mittags wachte sie mit scheußlichen Gefühlen aus der Narkose auf, die Mutter saß an ihrem Krankenbett, und abends ging Mutter nach Hause zu den kleinen Geschwistern, sie verließ Daniela ... für immer und ewig ...! So wenigstens fühlte sich Daniela, als sie sich in ihrem Bett wälzte und nicht schlafen konnte, weil sie nicht begriff, was da alles in so kurzer Zeit mit ihr geschehen war. Immerhin, so weit konnte sie sich noch erinnern, waren es ihre Eltern, die sie in dieses grauenhafte Krankenhaus abgeschoben hatten, die sie jetzt in diesem weißlackierten Bett ihrem traurigen Schicksal überließen. Böse Eltern ... hämmerte es in ihrem Kopf, die hatten sie einfach im Stich gelassen ...! Daß dies alles für

Daniela lebensnotwendig war, daß sie ihren vereiterten Blinddarm nicht behalten durfte, das erzähle nun mal einer der kleinen Daniela im Krankenbett, die vor lauter Schmerzen an Körper und Seele sowieso nicht klar denken kann. Daß die Eltern gar keine Wahl hatten, daß es Daniela bald besser gehen wird, daß die Eltern sie liebhaben und selbst zu Hause traurig in ihrem Bett liegen und an Daniela denken, daß Daniela bald wieder gesund ist und fröhlich mit den anderen Kindern spielen kann ... ja, das erzähle mal einer dem kranken Kind im Krankenhaus. Das müßte einer sein, der sich Zeit nimmt, sich an ihr Bett setzt, Danielas Hand streichelt und ohne Leichenbittermiene die ganze Sache so erklärt, wie sie wirklich ist. Der müßte Danielas Angst und Kummer spüren und ihr Mut machen und sagen, daß sogar die Frauen und Männer in den weißen Kitteln nette Menschen sind, ja, das erzähle mal einer der kleinen Daniela. So einen muß es doch geben ..., oder ist das für ein Kind im Krankenhaus denn wirklich zuviel verlangt?

## Da kam einer mit viel Zeit

Jetzt ist es genau ein Jahr her, als die vierjährige Monika ins Krankenhaus kam. Das war eine schlimme Zeit für sie und auch für ihre Eltern. Zum ersten Mal erlebte Monika die Trennung von Vater und Mutter. Da lag sie nun mit drei anderen Kindern in einem Zimmer. Die Krankenschwestern waren zwar sehr nett zu ihr, doch diejenigen, die ihr am Abend Gute Nacht sagten, hatten am nächsten Morgen ihren Dienst beendet, und Monika mußte sich wieder an die neuen Schwestern gewöhnen.

Auch die Ärzte waren freundlich. Manchmal kamen sie sogar an ihr Bett und redeten mit ihr, doch immer nur für ein paar Minuten, dann mußten sie wieder gehen. Monika verstand das alles überhaupt nicht. Die weißen Möbel, die vielen Menschen, die um sie herumliefen und doch nie richtig Zeit für sie hatten, machten ihr Angst. Ihre Mutter besuchte sie zwar jeden Tag für mehrere Stunden; doch wenn sie wieder zu ihrem kleinen Bruder nach Hause gehen mußte, weinte Monika stundenlang. Sie verstand nicht, daß sie wegen einer gefährlichen Krankheit nicht zu Hause sein durfte, sie fühlte sich von der ganzen Welt verlassen.

Nach zwei Wochen kam Monika wieder zu ihren Eltern zurück, die Krankheit war geheilt, doch die Angst blieb – bis heute. Die Angst, wieder von ihren Eltern alleingelassen zu werden, das Gefühl der Einsamkeit, wie Monika es im Krankenhaus erlebt hatte, sitzt tief in ihr drin.

So wie Monika geht es vielen Kindern, die in frühen Jahren einmal ins Krankenhaus mußten. Und es gibt viele Erwachsene, die sich schon seit langem darum bemühen, den Kindern diese schwere Zeit zu erleichtern. Zum Beispiel die „Aktion Kind im Krankenhaus“ setzt sich dafür ein, daß die Eltern ihr krankes Kind rund um die Uhr am Krankenbett selbst versorgen dürfen.

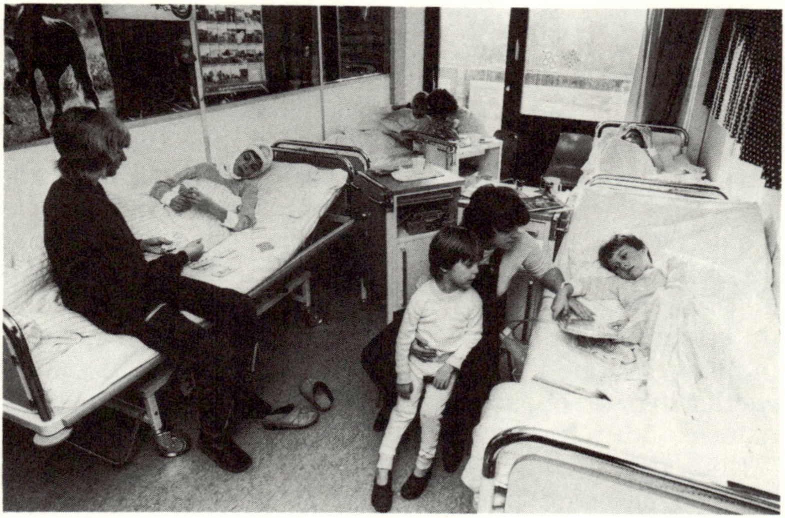

Nun gibt es noch eine andere Gruppe, die heißt „Das fröhliche Krankenzimmer". Diese Leute kamen eines Tages auf die Idee, daß zum Beispiel Bücher für die kranken Kinder Trost und Freude bedeuten können. In einem Krankenhaus in Düsseldorf haben sie dann ihr Vorhaben in die Tat umgesetzt. Mit viel Erfolg. Der „Büchermann", der einmal in der Woche die kleinen Patienten besuchte, war bald ein guter Freund. Er redete lange mit den Kindern und fand sehr schnell ihre Interessen heraus. Michael zum Beispiel wollte alles über Dinosaurier, Pferde und Goldhamster wissen, während Tim ein Zimmer weiter in seiner Phantasie ein riesiges Fort mit Cowboys und Indianern aufbaute. Die sechsjährige Daniela holte sich stets die unbesiegbare Pippi Langstrumpf an ihr Krankenbett, und Gerhardt wollte stundenlang nur Geschichten hören von Kindern, die ihr Zuhause verlassen mußten, gefährliche Abenteuer bestanden und dann doch wieder glücklich bei den Eltern ankamen. Das Krankenhaus war für Gerhardt so ein gefährliches Abenteuer wie zum Beispiel für das Tapfere Schneiderlein die Begegnung mit dem Riesen. Dort, wo der „Büchermann“ auftrat, füllten sich schnell die Krankenzimmer mit allerlei phantastischen Gestalten, die den Kindern oft über den schlimmsten seelischen und körperlichen Schmerz hinweghalfen. Zuerst waren es Studenten, die den Versuch mit Büchern am Krankenbett der Kinder durchführten. In einem Bericht haben sie später geschrieben, daß die Arbeit ihnen große Freude gemacht hat; denn oft erlebten sie, daß selbst die traurigsten Kinder manchmal sogar lachen konnten, die kleinen Patienten faßten wieder neuen Lebensmut und manche Ärzte sagen sogar, daß sie dadurch schneller gesund wurden.

Doch das Buch allein ist nur eine halbe Hilfe am Krankenbett. Viel wichtiger war für die Kinder das Erlebnis, daß da plötzlich einer kam, der sich Zeit für sie nahm und ihnen Geschichten erzählte und vorlas. So weckte der „Büchermann“ schnell das Vertrauen der Jungen und Mädchen, und manche Begegnung endete damit, daß die Kinder ihren eigenen Kummer und ihre Angst aussprechen konnten.

Leider jedoch fehlt in den meisten Krankenhäusern so ein „Büchermann“. Die gute Idee ist noch nicht weit verbreitet, und Eltern, Krankenschwestern und Ärzte haben noch eine Menge zu tun, bis das Krankenzimmer wirklich ein bißchen fröhlicher für die Kinder wird.

# Die schöne Rosine

## Geschichten von Liebe und Glück

Au backe, Liiiiebe! Wer weiß, was das ist, wo sie herkommt und ob sie etwas zu tun hat mit dem seltsamen Kribbeln in der Magengegend? Ach Quatsch, laßt uns lieber von was anderem reden. Von Hot dogs, von Füchsen und entsetzlich lästigen jüngeren Geschwistern, die nichts, aber auch gar nichts kapieren. Verflixt, nun sind wir ja schon wieder beim Thema.

Also Liebe ist, wenn die Eltern anfangen, dumme Fragen zu stellen. Oder? Hm, Liebe könnte auch sein, wenn man morgens in den Spiegel blickt und das vierundzwanzigste Haar in der mittleren Partie, fünfte Reihe rechts neben dem Scheitel partout nicht windschnittig gen hinten liegen will, was eine langwierige Operation mit Gel und Haarspray erforderlich macht und diese um so mehr erschwert, weil die gesamte übrige Familie mit ihrem aufdringlichen Getrommel an der Badezimmertüre nervt. Liebe ist, wenn man dieses Monstrum am Hals, genannt Kopf, am liebsten abschlagen und in den Mülleimer werfen möchte – um ihn fünf Minuten später wieder wie eine Krone aufzusetzen und erhobenen Hauptes als der oder die Größte zur Schule zu schreiten. Liebe ist, wenn im Bauch lauter Schmetterlinge schwirren, und dann in den Knien und dann in den Füßen, so daß man es tatsächlich fertigbringt, über längere Strecken zehn Zentimeter über dem Boden zu schweben. Echt. Ihr findet das blöd? Gut, wechseln wir das Thema.

Reden wir über Gänseblümchen. Das sind die mit den vielen kleinen weißen Blättchen. Er liebt mich, er liebt mich nicht, sie liebt mich, sie liebt mich nicht ... Seufz. Es ist doch immer dasselbe. Alle werden geliebt, nur ich nicht. Und der, den ich nun mal super finde, hat mich noch nicht einmal bemerkt, der weiß gar nicht, daß es mich gibt, der steht auf andere Mädchen, auf schönere, blondere oder so ... Ach, ich bin ihm zu doof. Und die Jungens, die mich gut finden, (ja, die soll's auch geben) na ja, die könnten ruhig auch ein bißchen schöner, klüger oder blonder oder größer oder dunkler oder kleiner sein. Auf jeden Fall anders. Mensch Meier, jetzt sind wir doch schon wieder bei diesem dummen Thema gelandet.

Es gibt Zeiten, da dreht sich einfach die ganze Welt nur um dieses eine einzige Wort: Liebe. Das war schon immer so, seit Adam und Eva. Obwohl man heute dieses Wort ja nicht mehr ausspricht, heute sagt man nur noch: Adam ist in Eva ... – und nicht mehr: Adam ist in Eva verliebt. Naja, dieses Wörtchen Liebe ist gefährlich. Es könnte ja sein, daß man plötzlich mit diesen tausend Schmetterlingen im Bauch ganz alleine dasteht, daß die L... vom anderen gar nicht gespürt, geschweige denn erwidert wird. Es könnte ja sein, daß sich die tausend Schmetterlinge im Bauch plötzlich in ein bohrendes Messer verwandeln, das einem so richtig ins Herz sticht, daß aus L... dann L...-kummer wird. So oder so, man macht was mit in der L... Himmelhochjauchzend – zu Tode betrübt. L... ist nun mal ein Risiko, in das sich nur ganz Mutige hineinwagen. Alle anderen bleiben vorsichtig und lauwarm. Kochen immer auf kleiner Flamme, gehen auf Nummer sicher. Wie langweilig!!

Die Schmetterlinge nicht im Bauch zu spüren, das Herz nicht rasen und schlagen zu hören, auf alle Höhenflüge inklusive deren Bauchlandungen zu verzichten, das ist nichts für uns, so viel können wir über die L... verraten. Und noch etwas: Trotz unseres hohen Alters, uns fehlt da die jugendliche Reife und Gelassenheit, bringen wir es locker fertig, uns immer noch bis über beide Ohren zu ver...! Jawohl!

## Rote, gelbe, blaue und grüne Herzen

Der Apotheker schüttelt seinen Kopf: „Nein, tut mir leid, so was haben wir nicht." – Uwes Gesicht läuft rot an, knallrot. „Du hast eine Birne wie ein Feuermelder," pflegten seine Klassenkameraden bei solchen Gelegenheiten zu spotten. Mein Gott, wie Uwe das kränkte. „Aaaaber..." stottert Uwe, „... ich, ich brauche das Zeug dringend", und dabei sieht er den Apotheker so flehend in die Augen, daß dieser selbst schon ganz verlegen wird. „Ich würde dir ja gerne helfen," sagt der Apotheker ratlos, „aber das, was du willst, das gibt es nicht, ich glaube, das bekommst du bei keiner Apotheke in der ganzen Stadt. Nirgends!" – Uwe schluckt, ein Kloß schnürt ihm die Kehle zu. „Dann bin ich verloren," murmelt er mit schicksalschwerer Stimme. Nun wird der Apotheker ungeduldig. „Donnerwetter, sag' mal, Junge, warum braucht du denn unbedingt so ein Zeug? Ein Mittel, das innerhalb einer Stunde deine Pickel beseitigt, sowas hab' ich noch nie gehört. Da müßtest du schon eine Rasierklinge nehmen, aber dazu rate ich dir nicht, das tut weh und macht Narben – und die hast du ein Leben lang im Gesicht. Die Pickel sind bald wieder verschwunden, die hat man eben in der Pubertät ..."

„Pubertät," denkt Uwe, „was weiß denn der schon von Pubertät ...". Uwe schlendert die Straße entlang, mit einem erbärmlich krummen Rücken und hochgezogenen Schultern, (diese Haltung ärgerte seinen Vater immer ganz besonders), ab und zu tritt er wütend gegen den Bordstein, und ansonsten befindet er sich in seinem üblichen jämmerlichen Gemütszustand: „Ich bin nun mal der einsamste Mensch auf der ganzen Welt ...", es verstand ihn sowieso niemand. „Diese Erwachsenen", raunt er mit Leichenbittermiene, „immer labern sie einen voll mit ihren gutgemeinten Ratschlägen, aber gegen Pickel wissen sie auch nichts."

Pickelgesicht hatten sie ihn in der Schule genannt, und

Streuselkuchen. Uwe läuft schon wieder rot an im Gesicht. Zittrige Hände und Kloß im Hals, er kennt diesen Zustand nur zu gut. Nein, er würde nicht zu dieser „Fete" gehen. Er ist nunmal der häßlichste Typ aus der Klasse. „Schicksal", denkt Uwe, und irgendwie verursacht ihm das ganze Leid dieser Welt, das er nunmal heldenhaft auf seinen Schultern trägt, ein angenehmes Kribbeln unter der Haut. Schönheit vergeht, aber seine Klugheit, seine messerscharfe Intelligenz, seine tiefen inneren Werte, die würden bleiben. Uwe reckt sich fünf Zentimeter in die Höhe, doch im selben Moment sackt er wieder in sich zusammen. „Warum sieht bloß keiner mein inneres Genie, was sind schon ein paar Pickel gegen so viel menschliche Größe?" – Die Pickel auf jeden Fall, die mußten weg. Noch zwei Stunden bis zur Fete. Seit Wochen hatte er sich auf diese Stunde X vorbereitet. Alles war perfekt geplant. Das „geile" T-Shirt mit dem irren Aufkleber, sein Haarschnitt, einfach super, vor allem das Glitzer-Gel, die einzige Pomade, die es fertigbrachte, Uwes natürlichen Wirbel vorne links über der Stirn in Schach zu halten. Und dann sein Lächeln, stundenlang hatte er es vor dem Spiegel geprobt. „Hallo," wollte er murmeln, (bloß nicht deutlich sprechen, das ist out), und dann die Oberlippe leicht, aber verwegen schräg in die Höhe ziehen, am besten nach rechts, die Zähne zu einem Drittel freilegen (nicht aufgeregt grinsen wie ein Mondgesicht), ein cooles Lächeln (zuviel Freundlichkeit verdirbt den guten Ruf) in den Augen, und sofort die gesamte Gesichtsmuskulatur ebenso lässig und entspannt wieder in ihre Ausgangsposition zurückbringen. Und erst sein Gang: schlacksig wie Don Jonson – nächtelang hatte er geprobt, bis sein Spiegelbild ihm unwiderruflich zunickte: „Junge, du bist okay, du bist der Größte ..."

Uwe zuckt zusammen. Ein Hund bellt ihn an und reißt ihn jäh aus seinen Träumen. „Du der größte," lachte der kleine häßliche Teufel, den Uwe zuweilen in seinem Inne-

ren beherbergte, „du Pickelgesicht ...?!“ Und Uwe, der gerade noch der Allergrößte war, fühlte sich jetzt erbärmlicher und kleiner als der bellende Hund vor ihm in der Gosse.

Nein, er würde die Fete sausen lassen. Aus! Vorbei! Und überhaupt, die Sache mit E., diese Affäre mußte ein Ende haben. Du lieber Himmel, E. würde zusammenbrechen, wenn Uwe nicht käme, es wäre ein Schock für sie. E. war verrückt nach Uwe, alle Anzeichen sprachen mehr als deutlich dafür. Wie sie ihn neulich angeschaut hat während des Matheunterrichts ... (Uwes Klassenkamerad meinte zwar, daß sie immer wie ein Mondkalb glotzen würde, wenn sie der Unterricht langweile; aber Uwe wußte, daß derartige Bemerkungen der häßlichsten aller Eigenschaften, dem Neid, entspringen). Und kürzlich auf dem Flur, da ist E. doch eindeutig extra ganz langsam gegangen, bis Uwe zufällig mit ihr auf gleicher Höhe war. E. hat zwar so getan, als würde sie Uwe nicht sehen, aber gerade diese kalte Schulter, die E. Uwe zeigt, ist der schlüssige Beweis dafür, daß E. unsterblich in Uwe verknallt ist. Naja, und wer jetzt noch immer nicht glaubt, daß E. ganz verrückt nach Uwe ist, dem liefert folgende Geschichte aber wirklich den allerletzten Beweis: Rief doch kürzlich die E. bei Uwe an, und als sie Uwe am Telefon hörte, redete sie sich mit der unglaublich dummen Erklärung (Uwe hörte, wie ihre Stimme dabei zitterte) heraus, sie habe sich in der Nummer geirrt, weil sie sich auf der Telefonliste der Klasse um eine Zeile vertan hätte ... also, wer nun noch zweifelt, daß E. wirklich mit allen Tricks versucht, an Uwe ranzukommen, der muß Knöpfe auf den Augen haben. Uwe zumindest ist ziemlich sicher, er braucht nur mit dem Finger zu schnipsen, und E. läge ihm zu Füßen. Oder etwa nicht???

Irgendwie wird Uwe plötzlich schlecht im Magen. Seine Beine zittern, als hätte er Pudding statt Kniescheiben. So geht's ihm immer, wenn er an E. denkt (es ist übrigens verboten, in seiner Gegenwart ihren vollen Namen auszusprechen). So verliebt wie E. war schließlich noch niemand in ihn. „Ein Glück," denkt Uwe, „daß ich so cool dabei bleiben kann. " Oder etwa nicht???

Zu Hause erlebt Uwe dann den absoluten Absturz. Kaum hat er die Wohnung betreten, brüllt seine Mutter aus irgendeinem Winkel des Hauses: „E. hat angerufen, sie wollte wissen, ob du heute abend zur Fete kommst?" – Uwe fühlt, wie ihm das Herz in die Schuhe plumpst. „Ja," säuselt er, „ich gehe zur Fete," – „dann sollst du," fährt die Mutter fort, „ein paar Weißbrotstangen mitbringen, sagt E."

Als Uwe abends nach Hause kommt, ist er ganz leise. „Der schlurft doch sonst immer so mit seinen Quadratlatschen über den ...", wundert sich der Vater. Die Eltern wälzen sich beunruhigt im Bett von einer Seite auf die andere, immerhin fanden sie ihren Sohn in letzter Zeit höchst seltsam und bedenklich zerstreut. Vorsichtig schleichen sie aus dem Schlafzimmer und verstecken sich hinter dem Treppengeländer. Und da gleitet Uwe an ihnen vorbei, ein seliges Lächeln auf seinem Gesicht, er blickt weder nach rechts noch nach links, seine Füße schweben zehn Zentimeter über dem Boden, er wandelt auf rosaroten Wölkchen ...

„Was für eine wahnsinnige Fete," flüstert er, „was für eine wahnsinnige Fete ...", und dabei sieht er rote, gelbe, blaue und grüne Herzen, und um seinen Kopf kreisen silberne und goldene Sterne ... „die E. ist total auf mich abgefahren, ein Glück, daß ich so ein cooler Typ bin." Oder etwa nicht???

## Bildnachweis

Umschlagfoto aus: Kinder vom Circus. Aus dem Leben von Alfred und Liane. Von Thomas Klinger, Hans Albrecht Lusznat, Wanda Zacharias, Ravensburger Buchverlag Otto Maier GmbH 1984. Mit freundlicher Genehmigung des Verlages.
FR-Archiv, Frankfurt: S. 101, 109, 129
Herzog/present: S. 39, 57, 123, 135, 153
Hildeshagen/present: S. 51
Lothar Nahler, Hillesheim: S. 23, 27, 47, 90, 95, 141, 147, 165
Poly-Press, Bonn: S. 159
Liselotte Strelow, Hamburg: S. 75
Norbert Weidinger, Eichenau: S. 117
Nicolas Wendt, Hamburg: S. 81
Inge Werth, Frankfurt: S. 63, 69
Zeidler/present: S. 33